Carola Hamann

Отлично! A1
Otlitschno!

Der Russischkurs

Kursbuch

Hueber Verlag

Fachdidaktische Beratung:
Dr. Katharina Berndt, Düsseldorf
Olga Stelter, Hamburg
Dr. Joachim Wiese, Berlin

Wir danken für die tatkräftige Unterstützung:
Елена Николаевна Баранова
Larissa Tielebein
Ирина Анатольевна Киселёва
Андрей Анатольевич Заярный
Eugen Schütz

Das Werk und seine Teile sind urheberrechtlich geschützt.
Jede Verwertung in anderen als den gesetzlich zugelassenen
Fällen bedarf deshalb der vorherigen schriftlichen
Einwilligung des Verlags.

Hinweis zu § 52a UrhG: Weder das Werk noch seine Teile dürfen ohne
eine solche Einwilligung überspielt, gespeichert und in ein Netzwerk
eingespielt werden. Dies gilt auch für Intranets von Firmen und von Schulen
und sonstigen Bildungseinrichtungen.

4.	3.	2.		Die letzten Ziffern bezeichnen
2015	14	13	12	11	Zahl und Jahr des Druckes.

Alle Drucke dieser Auflage können, da unverändert,
nebeneinander benutzt werden.
1. Auflage
© 2010 Hueber Verlag, 85737 Ismaning, Deutschland
Umschlaggestaltung: Alois Sigl, Hueber Verlag, Ismaning
Umschlagfotos: von links © iStockphoto/Elena Solodovnikova; © Banana Stock/fotosearch;
    Michael Melford/National Geography/Getty Images
Verlagsredaktion: Ingo Heyse, Hueber Verlag, Ismaning
Illustrationen: Bettina Kumpe, Braunschweig
Layout und Satz: Cihan Nawaz, Hueber Verlag, Ismaning
Druck und Bindung: Firmengruppe APPL, aprinta druck, Wemding
Printed in Germany
ISBN 978–3–19–004477–1

Vorwort

Отлично! (gesprochen „Atlitschna!", mit Betonung auf dem „i") ist eine typische russische Redewendung und bedeutet *Ausgezeichnet!*

Konzeption

Отлично! A1 Der Russischkurs vermittelt praktisch anwendbare Russischkenntnisse in den Fertigkeiten *Sprechen, Hören, Lesen* und *Schreiben*. Der Schwerpunkt liegt dabei auf der mündlichen Kommunikation, sodass man sich schnell in den wichtigsten Alltagssituationen verständigen kann. Die russischen Buchstaben werden parallel dazu in den ersten beiden Lektionen sukzessive eingeführt und trainiert.

Das Lehrwerk orientiert sich am Gemeinsamen Europäischen Referenzrahmen für Sprachen (GER). Daher ist der Lernstoff in **Отлично!** nach kommunikativen Situationen angeordnet. Der grammatische Stoff, der für die Bewältigung der kommunikativen Aufgaben notwendig ist, wird systematisiert dargestellt und intensiv geübt.

Das Hörverstehen ist in **Отлично!** möglichst realitätsnah gestaltet: Zunächst findet sich eine echte Höraufgabe, die ohne den niedergeschriebenen Dialog zu lösen ist. Das Ziel des ersten Hörverstehens besteht darin, die gestellte Aufgabe zu lösen – es geht nicht darum, gleich jedes einzelne Wort zu verstehen. Auf diese Weise werden spezielle Hörtechniken geübt, die später bei der Kommunikation mit Muttersprachlern von Nutzen sind.

Parallel dazu zielen die Aufgaben zum Leseverstehen auf die Beherrschung von verschiedenen Lesetechniken ab. Beim ersten Lesedurchgang muss beispielsweise nicht jedes einzelne Wort verstanden werden. Es geht vielmehr darum, sich auf die Bearbeitung der entsprechenden Leseaufgabe zu konzentrieren. Die erlernten Techniken sind sehr hilfreich, wenn man später russische Texte außerhalb des Unterrichts lesen möchte.

Aufbau

Das Lehrwerk besteht aus diesem Kursbuch und einem Arbeitsbuch mit integrierter Audio-CD. Die Hörtexte des Kursbuchs sind auf einer gesonderten Audio-CD erhältlich. Für die KursleiterInnen liegt außerdem ein Lehrerhandbuch mit Tipps für den Unterricht vor. Hinweise auf nützliche Zusatzmaterialien finden Sie unter www.hueber.de/otlitschno.

Dieses Kursbuch deckt in sieben Lektionen die Niveaustufe A1 des GER ab. Zusätzlich sind zwei kommunikative Spiele und Zusatzmaterialien zu den Themen „Jahreswechsel" und „Geburtstag" enthalten. Im Anhang befinden sich eine Übersicht über die behandelte Grammatik sowie der Lektionswortschatz.

In jeder Lektion werden zunächst die Lernziele präsentiert, gefolgt von abwechslungsreichen Aufgaben, die immer wieder zum Sprechen anregen. Auf der siebten Lektionsseite kann man das Leseverstehen trainieren und das Erreichen der kommunikativen Lernziele überprüfen. Die letzte Lektionsseite gibt einen Überblick über den Grammatikstoff.

Die folgenden Symbole geben Hinweise für die Arbeit mit dem Lehrwerk:

	Partnerarbeit	AB 1-2	Verweis auf passende Übungen im Arbeitsbuch
	Gruppenarbeit	KB 1, 4	Verweis auf passende Aufgaben in der Lektion
	Tracknummer auf der CD zum Kursbuch	GR 3	Verweis auf den passenden Abschnitt der Grammatikübersicht
	Zentrale Redemittel		

Viel Spaß und Erfolg beim Russischlernen!
Autorin und Verlag

три 3

Inhaltsverzeichnis

1 Здра́вствуйте! 6

sich begrüßen und verabschieden; sich vorstellen; jemanden nach dem Namen fragen; jemanden ansprechen; sich entschuldigen; kyrillische Buchstaben lesen und schreiben

Personalpronomen: Nominativ (1) und Akkusativ (1); Satzbau: Hilfsverb *sein;* Rechtschreibung: Groß- und Kleinschreibung; Aussprache und Betonung: betonte und unbetonte Vokale; Intonation: Aussage- und Fragesatz

2 Вы живёте в Москве́? 14

sein Herkunftsland angeben; sagen, aus welcher Stadt man kommt; seine Nationalität angeben; sagen, wo man wohnt; seinen Aufenthaltsort nennen; seinen Beruf angeben; die Zahlen von 0 bis 19

Substantive: Nominativ, Genitiv und Präpositiv Singular / undeklinierbare Substantive; Personalpronomen: Nominativ (2); Verben: жить; Präpositionen: в und на bei Ortsangaben; Satzbau: Aussagesatz und Fragesatz / Stellung des Adverbs то́же; Rechtschreibung und Aussprache: и nach г, к, х, ж, ч, ш und щ / betontes и und е nach ж, ш und ц

3 Как ва́ши дела́? 22

über das Befinden sprechen; Verwandtschaftsbeziehungen angeben; Familienmitglieder und Freunde vorstellen; die Anzahl von Familienmitgliedern angeben; ausdrücken, dass man etwas hat; den Namen einer dritten Person erfragen

Substantive: Belebtheit – Unbelebtheit / Akkusativ Singular; Personalpronomen: Genitiv und Akkusativ (2); Possessivpronomen: Nominativ und Akkusativ Singular; Interrogativpronomen: Genitiv und Akkusativ von кто; Präpositionen: у, без und от; Kasusgebrauch: Nominativ und Genitiv mit den Zahlwörtern 1-4 / Genitiv zur Verneinung der Existenz; Rechtschreibung und Aussprache: unbetontes е nach ж, ш und ц / Konsonantenverbindung -жч-

Wiederholungsspiel 30
Lektionen 1 – 3

4 Вы говори́те по-ру́сски? 32

Bezeichnungen erfragen und angeben; Zahlen von 20 bis 400; Preise erfragen und verstehen; im Café etwas bestellen; sich über Sprachkenntnisse und Sprachenlernen austauschen; sagen und erfragen, was jemand gerade macht / nicht macht

Personalpronomen: Dativ; Adjektive: Nominativ Singular; Interrogativpronomen: Dativ und Präpositiv von кто und что; Kasusgebrauch: Dativ zur Altersangabe; Verben: e- und i-Konjugation; Satzbau: Stellung des Adverbs / Verneinung; Rechtschreibung und Aussprache: у und а nach Zischlauten / endbetonte Adjektive / Wortbindung

5 Свобо́дное вре́мя   **40**

über Freizeitbeschäftigungen sprechen; sagen, ob man etwas gern / regelmäßig macht; eine Meinung zu Tätigkeiten äußern; Uhrzeit und Wochentage angeben; Handlungen in der Vergangenheit benennen

Adjektive: Akkusativ Singular; Präpositionen: в und на bei Orts-, Richtungs- und Zeitangaben; Verben der Bewegung: идти́ – ходи́ть; Verben: Präteritum; Rechtschreibung und Aussprache: unbetontes a nach ч und щ / Vokaleinschub bei Präpositionen

6 Профе́ссия и ме́сто рабо́ты   **48**

über frühere und gegenwärtige Berufe, Tätigkeiten und Arbeitsstellen sprechen; die Art und Weise von Handlungen angeben; Telefongespräche führen; ein Interview in einer Zeitung lesen; die Abfolge und die Dauer einer Handlung angeben

Substantive: Instrumental Singular; Personalpronomen: Instrumental; Interrogativpronomen: како́й, кака́я, како́е / Instrumental von кто und что; Demonstrativpronomen: тако́й, така́я, тако́е; Kasusgebrauch: Instrumental mit und ohne Präposition; Wortbildung: von Substantiven abgeleitete Adjektive / von Adjektiven abgeleitete Adverbien auf -о; Intonation: Fragesatz und Ausruf

7 Де́лать поку́пки   **56**

sagen, dass man etwas braucht oder kaufen muss; Souvenirs benennen; Aussagen zur Ernährung treffen, Verpackungen und Mengen angeben; Bitten äußern; Einkaufsgespräche führen; Richtungs- und Ortsangaben

Substantive: Dativ Singular / Nominativ, Genitiv und Akkusativ Plural; Kasusgebrauch: Genitiv bei Zahlen und Mengen; Verben: Imperativ; Satzbau: vor- und nachgestellte Adjektive; Modalwörter: ну́жно, на́до und мо́жно

Wiederholungsspiel   **64**
Lektionen 4 – 7

Zusatzmaterialien

Но́вый год и Рождество́	**66**	**Lektionswortschatz**	**92**
День рожде́ния	**70**	**Quellenverzeichnis**	**107**
Partneraufgaben	**72**	**Unterrichtskommunikation**	**108**
Grammatikübersicht	**73**		

1 Здра́вствуйте!

sich begrüßen und verabschieden • sich vorstellen •
jemanden nach dem Namen fragen • jemanden ansprechen •
sich entschuldigen • kyrillische Buchstaben lesen und schreiben

1 Приве́т!

a Прослу́шайте разгово́р и укажи́те, кто что говори́т. Hören Sie das Gespräch und ordnen Sie zu: Wer sagt was?

1 Приве́т! Я Ка́тя.
2 Приве́т! Я А́нна.
3 А я Анто́н.

Ка́тя ☐   А́нна ☐   Анто́н ☐

b Поздоро́вайтесь с ва́шими соку́рсниками и назови́те Ва́ше и́мя. Begrüßen Sie die anderen Kursteilnehmer und sagen Sie Ihren Vornamen.

c Слу́шайте ещё раз и чита́йте! Hören Sie noch einmal und lesen Sie mit. Suchen Sie dann auf der Umschlagseite die Namen der einzelnen Buchstaben und die deutschen Entsprechungen heraus. Schreiben Sie die Buchstaben in Druck- und in Schreibschrift ab.

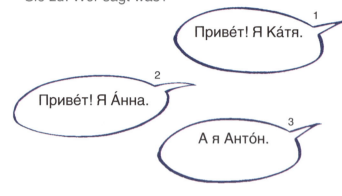

AB 1-2

2 Бу́квы и зву́ки.

a Напиши́те бу́квы. Welche kyrillischen Buchstaben entsprechen diesen lateinischen? Notieren Sie die Groß- und Kleinbuchstaben in Druck- und Schreibschrift.

N _____   P _____
R _____   T _____
W _____

b Слу́шайте и повторя́йте. Hören Sie und sprechen Sie nach. Tragen Sie die Nummern der Beispiele ein.

| е und я am Wortanfang und nach Vokal: |
| betont: [je] und [ja] ☐ – unbetont: ähnlich wie kurzes [ји] ☐ |
| е und я nach Konsonanten vor der betonten Silbe: kurzes [и] ☐ |
| е, и und я machen den Konsonanten vorher weicher. ☐ ☐ |

1. Екатери́на
2. Екате́рина
3. я – е́вро
4. Ники́та – Ка́тя
   Ива́н – Ви́ктор – Ве́ра

6   шесть

c Напиши́те бу́квы. Notieren Sie sieben Buchstaben. Diktieren Sie diese Ihrem Partner.

AB 3-6

 _____   _____

3 Я Ка́тя.

a Напиши́те фо́рмулы приве́тствия.
Begrüßen Sie die Personen. Notieren Sie die Begrüßungen und üben Sie dann zu zweit.

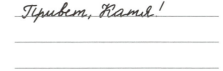

Ка́тя ▪ Та́ня ▪ Ве́ра ▪ Ви́ктор ▪ Ники́та

b Напиши́те диало́г и разыгра́йте его́!
Sehen Sie sich das Bild an und schreiben Sie einen passenden Dialog wie in 1a. Spielen Sie ihn mit verteilten Rollen.

AB 7-9

4 А кто ты?

a Прослу́шайте разгово́ры. Hören Sie die Gespräche und ordnen Sie sie den Bildern zu.

b Слу́шайте ещё раз и чита́йте. Hören Sie und lesen Sie mit. Unterstreichen Sie die neuen Buchstaben und achten Sie auf deren Aussprache.

1.
■ Приве́т! Я Дени́с. А кто ты?
● Приве́т! Я Ири́на.

2.
◆ Здра́вствуйте! Я Мари́на. А кто вы?
▲ Здра́вствуйте! Я Дми́трий.
▼ А я Све́та.

c Найди́те бу́квы в табли́це.
Suchen Sie auf der Umschlagseite die einzelnen Buchstaben heraus und schreiben Sie sie in Druck- und in Schreibschrift ab.

AB 10-11

се́мь   7

5 Бу́квы и зву́ки.

a Напиши́те бу́квы. Welche kyrillischen Buchstaben entsprechen diesen lateinischen? Notieren Sie die Groß- und Kleinbuchstaben in Druck- und Schreibschrift.

D _____
M _____
U _____
S _____ / _____

b Слу́шайте и повторя́йте. Hören Sie die Wörter und sprechen Sie nach.

Том – **Д**он	**т**е́ннис – ака**д**е́мия	**з**ум – **с**у́мма
тита́н – **д**ива́н	ко**д** – аппара́**т**	**з**ени́т – **с**е́рия
		кри́**зис** – **с**и́нте**з**

AB 12-17 **c** Чита́йте разгово́ры вдвоём и втроём! Üben Sie die Dialoge in 4b zu zweit bzw. zu dritt.

6 Здра́вствуй!

a Напиши́те. Notieren Sie, in welcher Situation man welche Begrüßung verwendet. Schreiben Sie dann die passenden Begrüßungen auf.

Здра́вствуй! — An eine Person gerichtet, die man duzt.

Здра́вствуйте! — _____

_____

1. Sie grüßen die Angestellte der Geldwechselstelle im Hotel. _____

2. Sie treffen auf der Straße einen guten Bekannten. _____

3. Sie treffen sich mit ein paar Freunden. _____

b Напиши́те имена́. Schreiben Sie fünf der Namen auf einen Zettel. Geben Sie den Zettel einer anderen Person im Kurs. Variieren Sie dann die Gespräche aus 4b mit den neuen Namen. Ergänzen Sie die Regel.

Андре́й ▪ Константи́н ▪ Степа́н ▪ Ники́та ▪ Дми́трий ▪ Варва́ра ▪ Ксе́ния ▪ Антони́на ▪ Викто́рия ▪ Зинаи́да

Russische Frauennamen enden auf _____ und Männernamen auf einen _____. Ausnahmen bestätigen die Regel, z. B. Ники́та sowie Koseformen (→ Seite 12).

c Вста́вьте пропу́щенные бу́квы. Ergänzen Sie die fehlenden Buchstaben und gestalten Sie mit den Wörtern ein kleines Gespräch.

AB 18-19   пр__ве́т   __ве́та   т__   __ми́три__   к__о   я   я

8 во́семь

7 Вы господин Лавров?

5-6

a Прослушайте и отметьте крестиком.
Hören Sie und kreuzen Sie an.

Welche Personen lernen
sich gerade kennen?

☐ Ирина – Борис
☐ Борис – Галина
☐ Лариса – Борис

да bedeutet ☐ ja ☐ nein.
нет bedeutet ☐ ja ☐ nein.

Mit wem möchte
Frau Wagner sprechen?

☐ госпожа Болтаевская
☐ господин Желябов
☐ господин Лавров

спасибо bedeutet ☐ danke ☐ bitte.
пожалуйста bedeutet ☐ danke ☐ bitte.

b Слушайте ещё раз и читайте. Hören Sie und lesen Sie mit. Unterstreichen Sie die Wörter mit neuen Buchstaben. Suchen Sie auf der Umschlagseite die Namen der neuen Buchstaben heraus und schreiben Sie sie in Druck- und in Schreibschrift ab.

1.
■ Здравствуй, Ирина!
● Привет!
■ А ты, наверное, Галина?
  Или Ксения?
◆ Нет, я Лариса.
■ А – Лариса. Извини.
◆ А как тебя зовут?
■ Меня зовут Борис.
◆ Очень приятно.

…
■ … Ой, мне пора. Пока!
◆ До свидания!
● До свидания!

2.
◆ Извините, пожалуйста, вы господин Лавров?
■ Нет, моя фамилия Желябов.
◆ А скажите, пожалуйста, кто господин Лавров.
■ Это господин Лавров.
◆ Спасибо.
■ Пожалуйста.

…
◆ Здравствуйте! Вы господин Лавров?
▲ Да.
◆ Я Бригитте Вагнер.
▲ А – госпожа Вагнер! Здравствуйте! А как вас зовут?
● Меня зовут Жанна Семёновна. Моя фамилия Болтаевская.
▲ Очень приятно.

```
Б б ____    Г г ____    Ё ё ____
𝓑 𝓫         𝓖 𝓰         Ё ё

Ж ж ____    Л л ____    Ф ф ____
𝓦 𝔀         𝓛 𝓵         𝓕 𝓯

Ч ч ____    Э э ____    Ь ь ____
𝓒 𝓬         Э э         ь
```

AB 20-21 **c** Спросите друг друга. Fragen Sie andere Personen im Kurs nach ihren Namen.

девять 9

8 Бу́квы и зву́ки.

a Напиши́те бу́квы. Welche kyrillischen Buchstaben entsprechen diesen lateinischen? Notieren Sie die Groß- und Kleinbuchstaben in Druck- und Schreibschrift.

B _____

G _____

F _____

b Слу́шайте и повторя́йте. Hören Sie die Wörter und sprechen Sie nach.

Пётр	– Петро́в		ла́мпа	– Еле́на
па́ра	– ба́р		Во́лга	– О́льга
кассе́та	– га́з		фа́за	– ва́за
бал	– бале́т		ло́жа	– да́ча

> Das „ё" ist immer betont. Allerdings wird es fast nur in Lehrmaterialien geschrieben. In „normalen" Texten schreibt man statt „ё" ein „е", spricht aber [jo]. Im Wörterbuch sind Wörter, die mit „ё" beginnen, unter „е" zu finden.

c Вы́пишите имена́. Schreiben Sie die Namen von zwei Personen aus 7b auf und buchstabieren Sie diese dann Ihrem Partner.

AB 22-27

_____   _____

_____   _____

9 Скажи́те, пожа́луйста, ...

a Вста́вьте ну́жное сло́во. Ergänzen Sie die passenden Wörter.

извини́те ▮ скажи́те ▮ господи́н ▮ госпожа́ ▮ фами́лия

1. _____, пожа́луйста, вы _____ Лавро́в?

2. _____, пожа́луйста, э́то _____ Ивано́ва?

3. Вы _____ Моро́зова? – Да, моя́ _____ Моро́зова.

4. Вы _____ Петро́в? – Нет, моя́ _____ Ивано́в.

b Напиши́те, как говоря́т по-ру́сски.
Notieren Sie, was Sie auf Russisch sagen, wenn Sie ...

> Здра́вствуй!   –   Здра́вствуйте!
> Извини́!   –   Извини____!
> _____   –   Скажи́те!

1. ... jemanden ansprechen / sich entschuldigen. _____

2. ... nach dem Namen fragen (Du / Sie). _____

3. ... Ihren Vornamen nennen. _____

4. ... Ihren Familiennamen angeben. _____

5. ... erfreut sind, die Person kennenzulernen. _____

AB 28-30

6. ... sich verabschieden. _____

10 Произношéние

Слýшайте и читáйте. Hören Sie zu, lesen Sie mit und setzen Sie die Betonungszeichen. Sprechen Sie anschließend nach. Achten Sie auf die Aussprache der markierten Vokale. Ergänzen Sie dann: *betont* oder *unbetont?*

> Das Russische wird normalerweise ohne Betonungszeichen geschrieben. Da die Betonung aber variiert, wird sie in Lehrbüchern angeführt. Von der Betonung kann die Bedeutung eines Wortes abhängen.

AB 31-32

Ром**а**н	Ант**о**н	прив**е**т
Антон	з**о**вут	**ме**ня
Вов**а**	Викт**о**р	

Дм**и**трий	теб**я**
Иван	Кат**я**

_____ Vokale: lang und deutlich

_____ Vokale: kurz, reduziert, undeutlicher

11 Кто э́то?

Прочитáйте предложéния.
Lesen Sie und ergänzen Sie: a oder и?

Э́то Пётр Дени́сович **и** Вади́м Андрéевич.
Э́то Пётр Дени́сович, **а** э́то Вади́м Андрéевич.

AB 33-34

_____ = *und* bei Aufzählungen

_____ = *und* bzw. *aber* bei Gegenüberstellungen

12 И́мя и о́тчество

Подýмайте. Überlegen Sie: Wie heißt der Vater des älteren Herren mit Vornamen?

Bildung der Vatersnamen:
Бори́**с**
→ Бори́с**ович** / Бори́с**овна**
Андрé**й**
→ Андрé**евич** / Андрé**евна**
Кондра́т**ий**
→ Кондра́т**ьевич** / Кондра́т**ьевна**

AB 35-36

Ива́н Бори́сович   Ни́на Ива́новна
Дени́с Ива́нович

13 Познако́мьтесь, пожа́луйста!

Предста́вьтесь друг дру́гу.
Gehen Sie im Kurs umher, begrüßen Sie sich und führen Sie kleine Gespräche.

AB 37-41

Извини́ / Извини́те – ты / вы ...?
  Да, меня́ зову́т ...
  Нет, меня́ зову́т ...

Э́то ..., а э́то ...
О́чень прия́тно.
До свида́ния! / Пока́!

одиннадцать **11**

1

Любопы́тно знать Interessant zu wissen

 a Подбери́те. Ordnen Sie die Kosenamen den beliebtesten russischen Vornamen zu.

1 Алекса́ндр	а Са́ша[2]		1 Да́рья	а Ли́за
2 Михаи́л[1]	б Ни́ка		2 Ксе́ния	б Ксю́ша[5]
3 Макси́м	в Ди́ма		3 Екатери́на	в Ка́тя
4 Ники́та	г Ва́ня		4 Елизаве́та	г По́ля
5 Артём	д Макси́мка		5 Мари́я	д Ма́ша[6]
6 Его́р	е Андрю́ша[3]		6 Поли́на	е Ви́ка
7 Ива́н	ж Артёмка		7 А́нна	ж А́нечка
8 Дми́трий	з Ми́ша[4]		8 Алекса́ндра	з Са́ша[2]
9 Андре́й	и Его́рка		9 Викто́рия	и Да́ша[7]

[1]Michail [2]Sascha [3]Andrjuscha [4]Mischa [5]Ksjuscha [6]Mascha [7]Dascha

Типи́чные ру́сские фами́лии
Typische russische Nachnamen

Моро́з**ов** – Моро́з**ова**   Толст**о́й** – Толст**а́я**
Не́вск**ий** – Не́вск**ая**   Гага́р**ин** – Гага́р**ина**
Медве́д**ев** – Медве́д**ева**

ФИО	
Фами́лия	Familienname
И́мя	Vorname
О́тчество	Vatersname

b О ком мо́жет идти́ речь? Von welchen Personen könnte hier die Rede sein? Notieren Sie fünf mögliche Kombinationen von Familien-, Vor- und Vatersnamen.

> Влади́мировна ▪ Наде́жда ▪ Па́влова ▪ Петро́вич ▪ Ива́новна ▪
> Петро́в ▪ Ната́лья ▪ Евге́ния ▪ Серге́евна ▪ Леони́д ▪ Никола́ева ▪
> Фёдоров ▪ Смирно́ва ▪ Григо́рий ▪ Алекса́ндрович

Я уже́ уме́ю … Ich kann schon …

	👤	👥	Übung
• jemanden auf Russisch begrüßen und verabschieden.			→ 1, 3, 4, 6, 7
• mich vorstellen und nach dem Namen fragen.			→ 1, 7
• den Nachnamen nennen.			→ 7
• eine Person ansprechen und mich entschuldigen.			→ 7, 9
• mich bedanken und auf Dank reagieren.			→ 7
• „sehr angenehm" sagen.			→ 7, 13
• Namen verstehen und aufschreiben, Wörter buchstabieren.			→ 1, 4, 6, 7, 8

12 двена́дцать

Резюме Zusammenfassung

Personalpronomen: Nominativ (1) und Akkusativ (1) GR 6.1

Nominativ			
Singular		Plural	
я	ich	мы	wir
ты	du	вы	ihr / Sie
он, она́, оно́	er, sie, es	они́	sie

Akkusativ			
Singular		Plural	
меня́	mich	нас	uns
тебя́	dich	вас	euch / Sie
его́, её, его́	ihn, sie, es	их	sie

KB 1, 4, 7

Satzbau: Hilfsverb *sein* GR 8.3

Im Russischen gibt es keine Entsprechungen für die Präsensformen von *sein* (ich *bin*, du *bist* ...).
Bei der Übersetzung ins Deutsche ist die jeweilige Form einzusetzen.

KB 1, 4, 7

Кто ты?	Wer **bist** Du?
Это Мари́на.	Das **ist** Marina.

Rechtschreibung: Groß- und Kleinschreibung GR 2

Im Russischen werden alle Wörter kleingeschrieben. Eine Ausnahme bilden die Eigennamen von
Personen, Orten, Flüssen, u.ä., aber auch von bedeutenden Ereignissen. In Briefen wird „Вы",
wie im Deutschen das *Sie*, großgeschrieben.

Aussprache und Betonung: betonte und unbetonte Vokale GR 1.2

Der betonte Vokal wird halblang gesprochen. Die Vokale in den anderen Silben werden
in Abhängigkeit ihrer Lage zur betonten Silbe unterschiedlich stark reduziert.

а und **о**
- betont: [a] bzw. [o] wie in А́нна, Анто́н
- direkt vor der betonten Silbe und im Anlaut: kurzer a-ähnlicher Laut wie in Лари́са, Бори́с, Анто́н, Оле́г
- in anderen Silben: stark reduzierter Laut ähnlich *e* in *habe* wie in Све́та, Ви́ктор

е
- betont: am Wortanfang und nach Vokal [je] wie in е́вро, nach Konsonanten [e] wie in Ве́ра
- unbetont: am Wortanfang und nach Vokal kurzes [jи] wie in Екатери́на, nach Konsonanten kurzes [и] wie in Петро́вна

и
- betont: halblang wie in Ири́на
- unbetont: kurz wie in Ива́н, Влади́мир

я
- betont: am Wortanfang und nach Vokal [ja] wie in я, nach Konsonanten [a] wie in тебя́
- vor der betonten Silbe: am Wortanfang und nach Vokal kurzes [jи] wie in Яни́на, nach Konsonanten kurzes [и] wie in Пятиго́рск
- nach betonter Silbe ähnlich *e* in *habe*: Ка́тя

Intonation: Aussage- und Fragesatz GR 3

Aussagesatz

Это Мари́на.
Absinken der Stimme über der betonten
Silbe des sinntragenden Wortes.

Fragesatz mit Fragewort

Кто э́то?
Verstärkung der betonten Silbe des sinntragenden
Wortes, danach Absinken der Stimme

Fragesatz ohne Fragewort

Это Мари́на?
Ansteigen der Stimme über der betonten Silbe
des sinntragenden Wortes, danach Absinken.

Fragesatz mit der Konjunktion „а"

А кто э́то?
Ansteigen der Stimme über der betonten Silbe
des sinntragenden Wortes und Halten auf die-
sem Niveau.

тринáдцать **13**

2 Вы живёте в Москве?

sein Herkunftsland angeben • sagen, aus welcher Stadt man kommt • seine Nationalität angeben • sagen, wo man wohnt • seinen Aufenthaltsort nennen • seinen Beruf angeben • die Zahlen von 0 bis 19

1 Это Россия.

а Запишите буквы стран.
Notieren Sie die Buchstaben der Länder.

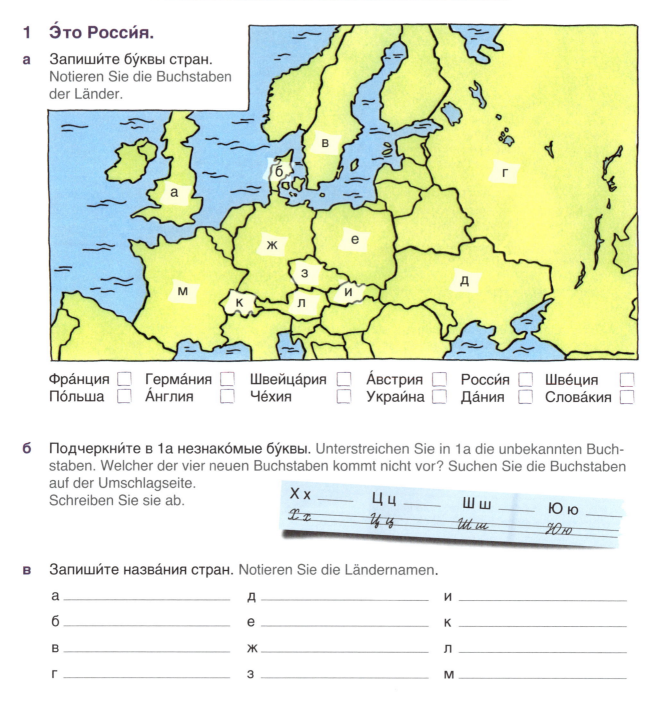

| Франция ☐ | Германия ☐ | Швейцария ☐ | Австрия ☐ | Россия ☐ | Швеция ☐ |
| Польша ☐ | Англия ☐ | Чехия ☐ | Украина ☐ | Дания ☐ | Словакия ☐ |

б Подчеркните в 1а незнакомые буквы. Unterstreichen Sie in 1a die unbekannten Buchstaben. Welcher der vier neuen Buchstaben kommt nicht vor? Suchen Sie die Buchstaben auf der Umschlagseite. Schreiben Sie sie ab.

Х х ___ Ц ц ___ Ш ш ___ Ю ю ___

в Запишите названия стран. Notieren Sie die Ländernamen.

а _____ д _____ и _____
б _____ е _____ к _____
в _____ ж _____ л _____
г _____ з _____ м _____

г Подберите к вопросам ответы и спросите друг друга.
Ordnen Sie den Fragen die passenden Antworten zu und fragen Sie sich gegenseitig.

1. Андрей, скажи, пожалуйста, как по-русски Deutschland? а Нет, это Швеция.
2. Йохен, как по-немецки Австрия? б Германия.
3. Марен, скажи, пожалуйста, это Швейцария? в Österreich.

AB 1-7

14 четырнадцать

2 Где Иваново?

a Подберите к фотографиям названия городов.　Москва ▪ Санкт-Петербург ▪
Ordnen Sie den Fotos die Städtenamen zu.　Берлин ▪ Иваново

1 Это _____　2 Это _____　3 Это _____　4 Это _____

б Найдите города на карте. Finden Sie die Städte auf der Karte vorne im Umschlag.

Новосибирск　Кемерово

Иркутск　Архангельск

Самара　ХАБАРОВСК

Липецк

Покажи / покажите, где ...!
... здесь.

> **Nominativ Singular der Substantive**
> Endungen (auch bei Eigennamen)
> → Hinweis auf das grammatische Geschlecht
>
> Konsonant　　-о, -е　　-а, -я, -ия
> → Maskulinum　→ Neutrum　→ Femininum

AB 8

3 Мы из Москвы.

9-10

a Прослушайте разговоры и отметьте, кто что говорит. Hören Sie die Gespräche und ergänzen Sie die Namen. Tragen Sie dann ein, wer was sagt (Ziffern).

1 _____　2 _____　3 _____　　4 Борис　5 _____　6 _____

1.
☐ Здравствуйте!
☐ Здравствуйте!
☐ Здравствуйте!
☐ Я Тамара Дмитриевна.
☐ Очень приятно.
　 Я Антуан.
☐ А я Петра.
☐ Петра, откуда вы?

☐ Из Граца.
☐ А вы, Антуан?
☐ Я из Парижа.
☐ А вы из Москвы?
☐ Нет, я из Иванова.
☐ Извините, откуда?
☐ Из Иванова.
☐ А, понимаю.

2.
☐ Франциска, познакомьтесь, пожалуйста. Это Франц. Он тоже из Германии, из Берлина.
☐ Да? Откуда? Из Кройцберга?
☐ Нет, нет, я из Лихтенберга.
☐ Интересно!

пятнадцать　15

2

б Сравни́те назва́ния городо́в и допо́лните пра́вило. Vergleichen Sie die Orts- und Ländernamen auf den beiden vorherigen Seiten und ergänzen Sie die Regel.

> **из → Genitiv (Отку́да?** Woher?)
> **Genitiv Singular der Substantive**
>
> | | *m* | *n* | *f* | |
> |---|---|---|---|---|
> | Nom. | – | -о | -а | -ия |
> | Endung Gen. | ___ | ___ | ___ | ___ |
> | наприме́р | Берли́н | Ива́ново | Москва́ | Герма́ния |
> | | из _____ | из _____ | из _____ | из _____ |
>
> Nach г, к, х, ж, ч, ш, щ steht nie ы, sondern и, z. B. Пра́га → из Пра́ги.

в Напиши́те, как говоря́т по-ру́сски. Notieren Sie, was man sagt, wenn man ...

1. ... fragt, woher der Gesprächspartner kommt. _____

2. ... angibt, woher man kommt (Stadt / Land). _____

3. ... etwas nicht verstanden hat. _____

4. ... deutlich macht, dass man verstanden hat. _____

г Допо́лните местоиме́ния и предста́вьте лиц из 3а. Ergänzen Sie die Personalpronomen in der Tabelle und stellen Sie die Personen aus 3a und sich selbst Ihrem Partner vor.

AB 9-10

Singular		Plural	
_____	ich	мы	wir
_____	du	_____	ihr / Sie
он, она́, оно́	er, sie, es	они́	sie

4 Ю́рий ру́сский.

а Прослу́шайте и назови́те те́му ток-шо́у. Hören Sie und bestimmen Sie das Thema der Talk-Show. Kreuzen Sie an, welche Namen genannt werden, ergänzen Sie die Übersicht und verbinden Sie Personen und Städte.

		профе́ссия		го́род	страна́
☐	Йо́хен Шу́стер:	_____		Москва́	_____
☐	Ю́рий Съе́дин:	дире́ктор		Цю́рих	_____
☐	Людми́ла Ящи́нская:	экскурсово́д		Мю́нхен	_____
☐	Любо́вь Шеста́кова:	ме́неджер		Шту́тгарт	_____
☐	Ю́лия Ю́щенко:	_____		Люце́рн	_____
☐	Франци́ска Штраус:	_____		Ки́ев	_____

б Подчеркни́те в 4а незнако́мые бу́квы. Unterstreichen Sie in 4a die unbekannten Buchstaben. Schreiben Sie sie ab. Was bedeuten die drei Ausdrücke?

Д́обрый ве́чер!
тури́ст
экску́рсия

Щ щ _____   Ъ ъ _____

16 шестна́дцать

в Напиши́те, какой национа́льности ли́ца в 4а. Notieren Sie, wer welcher Nationalität ist.

1. _____ ру́сский.   3. _____ украи́нка.

2. _____ швейца́рец.   4. _____ не́мка.

г Допо́лните пропу́щенные бу́квы! Ergänzen Sie die fehlenden Buchstaben.

не́мец	– не́мка	англича́нин – англича́нка	ру́сский – ру́сская
америка́н___	– америка́н___	датча́н___ – датча́н___	
швейца́р___	– швейца́р___		
австри́___	– австри́й___	швед – шве́дка	
украи́н___	– украи́н___	чех – че́ш___	
		францу́з – францу́жен___	

д Спроси́те ва́ших соку́рсников. Fragen Sie die anderen (Nationalität, Land).

AB 11-17

Кто вы по национа́льности?

5 Я живу́ в Шле́звиге.

а Прослу́шайте диало́г и отме́тьте. Hören Sie zu und kreuzen Sie an.

	пра́вильно	непра́вильно
1. Die Personen heißen Andrej, Wladimir und Kathrin.	☐	☐
2. Andrej wohnt in Moskau.	☐	☐
3. Kathrin ist aus Österreich.	☐	☐

б Прослу́шайте ещё раз и вста́вьте пропу́щенные фо́рмы глаго́ла.
Hören Sie noch einmal und setzen Sie die fehlenden Verbformen ein.

■ Извини́те, здесь свобо́дно?
▲ Свобо́дно. Пожа́луйста.
● Спаси́бо.
▲ Скажи́те, пожа́луйста, отку́да вы?
■ Я из Герма́нии. Я живу́ в Шле́звиге.
● А я живу́ в А́встрии, в Ли́нце.
▲ Интере́сно!
● А вы живёте здесь в Москве́?

▲ Нет, я из Влади́мира. Дава́йте познако́мимся! Меня́ зову́т Андре́й.
■ Вот э́то сюрпри́з! Меня́ то́же зову́т Андре́й!
▲ А как вас зову́т?
● Меня́ зову́т Ка́трин.
▲ О́чень прия́тно!

ЖИТЬ

я	_____
ты	живёшь
он / она́	живёт
мы	живём
вы	_____
они́	живу́т

в → Präpositiv (Где? Wo?)
Präpositiv Singular der Substantive

	m	*n*	*f*	
Nom.	–	-о	-а	-ия
Endung Präp.	_____	-е	_____	_____
наприме́р	Линц	Ива́ново	Москва́	Росси́я
	в _____	в _____	в _____	в _____

семна́дцать **17**

в Подбери́те отве́ты. Ordnen Sie den Fragen die richtigen Antworten zu.

1. Где вы живёте?
2. Она́ живёт в Люце́рне?
3. Ты живёшь в Берли́н-Па́нкове?
4. Ма́ша и Жо́ра живу́т в Хаба́ровске?
5. Отку́да Вы?

а Нет, они́ живу́т в Ли́пецке.
б Я из Влади́мира.
в Мы живём в Гра́це.
г Нет, я из Потсда́ма.
д Да, в Люце́рне.

г Напиши́те, как говоря́т по-ру́сски. Notieren Sie, was man sagt, wenn man ...

1. ... fragt, ob hier noch frei ist.   _____

2. ... seine Überraschung ausdrückt.   _____

3. ... vorschlägt, sich bekannt zu machen.   _____

д Отве́тьте на смс. André aus Schleswig bekommt von seinen russischen Freunden eine SMS und beantwortet sie. Er schickt ein im Cafe aufgenommenes Foto mit. Was könnte er dazu schreiben?

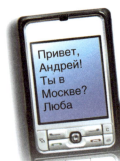

е Допо́лните пропу́щенные ре́плики. Ergänzen Sie das Gespräch. Schreiben Sie auf ein Kärtchen einen Namen und einen Ort (Einrichtung, Stadt, Land), tauschen Sie die Kärtchen untereinander und führen Sie ein Gespräch mit den neuen Angaben.

- ■ Алло́?
- ● _____
- ■ Да.
- ● _____
- ■ Нет, я не в университе́те. Я в кафе́ «Эрмита́ж». А ты где?
- ● _____
- ■ Как? Здесь? Вот э́то сюрпри́з!

Oft meldet sich der Angerufene nur mit алло́, да oder слу́шаю („Ich höre"). Daher fragt man z.B.: Андре́й, э́то ты? oder Э́то кафе́ Эрмита́ж?

AB 18-22

| кино́ | кофе́йня | кафе́ | институ́т | теа́тр |

6 Чи́сла

Вам чита́ют чи́сла. Повтори́те их.
Ihr Kursleiter liest die Zahlen vor. Sprechen Sie nach.

0 ноль, нуль	7 семь	14 четы́рнадцать
1 оди́н *m*, одна́ *f*, одно́ *n*	8 во́семь	15 пятна́дцать
2 два *m / n*, две *f*	9 де́вять	16 шестна́дцать
3 три	10 де́сять	17 семна́дцать
4 четы́ре	11 оди́ннадцать	18 восемна́дцать
5 пять	12 двена́дцать	19 девятна́дцать
6 шесть	13 трина́дцать	

AB 23-25

раз

два

три

18   восемна́дцать

7 Вот мой áдрес.

а Вы́пишите ти́пы у́лиц. Notieren Sie die Begriffe, die Kategorien von Straßen bezeichnen.

проспект
Ленина

3 _____

ТВЕРСКАЯ
УЛИЦА

СМОЛЕНСКИЙ
БУЛЬВАР

ШОССЕ
ЭНТУЗИАСТОВ

1 _____ 2 _____ 4 _____

б Допо́лните диало́ги и сравни́те с диало́гами на ди́ске. Setzen Sie die Gesprächsteile so zusammen, dass Sie die Adressen von Kathrin und den zwei Andrejs aus 5б erfahren. Vergleichen Sie dann mit den Gesprächen auf der CD.

13

1.

▲ Ка́трин, вот, пожа́луйста, а́дрес.

● _____ .

▲ Всё поня́тно?

● _____

  _____ .

Я живу́ в це́нтре.
Нет, на у́лице Би́шофштрассе.

Ой, спаси́бо!
Да, да. 600028 го́род Влади́мир,
у́лица Ши́шкина, дом 4, кварти́ра 18.

Он живёт в це́нтре Шле́звига, на
у́лице Ви́зенштрассе. Вот а́дрес.

2.

▲ Ка́трин, где вы живёте в Ли́нце?

● _____ .

▲ На у́лице Мо́цартштрассе?

● _____ .

3.

▲ Ка́трин, скажи́те, пожа́луйста, где живёт Андре́й?

● _____ .

▲ Ви́зенштрассе 12, 24837 Шле́звиг. Спаси́бо.

в Напиши́те, как говоря́т по-ру́сски. Notieren Sie, was man sagt, wenn man ...

1. ... jemandem seine Adresse gibt.   _____

2. ... fragt, ob etwas verständlich ist.   _____

AB 26-29

3. ... fragt, ob das Museum auf dem Leninprospekt ist.   _____

8 Дава́йте познако́мимся!

Знако́мый пригласи́л вас на ве́чер. Познако́мьтесь с други́ми гостя́ми. Ein Bekannter hat Sie zu einer Party eingeladen. Machen Sie sich mit den anderen Gästen bekannt.

AB 30-36

девятна́дцать   **19**

Любопытно знать Interessant zu wissen

 а Подберите к группам ещё одно слово. Ordnen Sie jeder Gruppe eine weitere Bezeichnung zu.

психолог ∎ директор ∎ педагог ∎ корреспондент ∎ секретарь ∎ конструктор ∎ техник ∎ математик

Профессии

1. физик
   химик
   _____

2. профессор
   доцент
   _____

3. хирург
   ортопед
   _____

4. менеджер
   бизнесмен
   _____

5. архитектор
   инженер
   _____

6. журналист
   репортёр
   _____

7. электрик
   механик
   _____

8. бухгалтер
   кассир
   _____

- ∎ Кто она по профессии?
- ● Она инженер.
- ∎ А Борис тоже инженер?
- ● Да, он тоже инженер.

> Viele aus anderen Sprachen übernommene Bezeichnungen für Personen, die bestimmte Berufe, Tätigkeiten oder Ämter ausüben, existieren nur als männliche Wortformen. Sie benennen aber männliche und weibliche Personen gleichermaßen.

б Спросите ваших сокурсников, кто они по профессии.
Fragen Sie die anderen Kursteilnehmer, was sie von Beruf sind.

Я уже умею … Ich kann schon …

	👤	👥	Übung
• alle kyrillischen Buchstaben lesen und schreiben.			→ 1, 4
• europäische Länder auf Russisch nennen und verstehen.			→ 1
• sagen und erfragen, aus welchem Land / Ort man kommt.			→ 2, 3
• die Nationalität angeben und erfragen.			→ 4
• sagen und erfragen, wo man wohnt, sich aufhält.			→ 5, 8
• eine Anrede formulieren, Überraschung ausdrücken.			→ 5
• die Zahlen von 0 bis 19.			→ 6
• den Beruf angeben und erfragen			→ 4, Любопытно знать

двадцать

Резюме́ Zusammenfassung

Substantive: Nominativ, Genitiv und Präpositiv Singular

GR 4

Vier der sechs russischen Fälle kennen Sie aus dem Deutschen. Dazu kommen der Instrumental (5. Fall) und der Präpositiv (6. Fall). Neben den Deklinationen I und II gibt es noch eine dritte sowie einige Ausnahmen.

	I. Deklination			II. Deklination		
	m		**n**	**f / m**		**f**
	–	-й	-о	-а	-я	-ия
Nom.	теа́тр	музе́й	Ива́ново	страна́	кофе́йня	Росси́я
Gen.	теа́тра	музе́я	Ива́нова	страны́	кофе́йни	Росси́и
Präp.	теа́тре	музе́е	Ива́нове	стране́	кофе́йне	Росси́и

KB 2, 3, 5

Undeklinierbare Substantive

Einige auf einen Vokal endende Fremdwörter und Eigennamen werden nicht dekliniert.
кафе́, ко́фе, бюро́, интервью́, такси́, шоссе́, шо́у, метро́, Чика́го etc.

Personalpronomen: Nominativ (2)

GR 6.1

KB 3

Nom.	я	ты	он	она́	оно́	мы	вы	они́

Verben: жить

GR 8

Infinitiv meist -ть.

	жить
я	живу́
ты	живёшь
он / она́	живёт
мы	живём
вы	живёте
они́	живу́т

KB 5

Präpositionen: в und на bei Ortsangaben

GR 7

Ortsangaben: meist в. Lernen Sie Ausdrücke mit на auswendig. Я в теа́тре / в рестора́не / в университе́те / в Москве́.
Мы живём на у́лице / на бульва́ре / на проспе́кте / на шоссе́ Пу́шкина.

KB 5, 7

Satzbau: Aussagesatz und Fragesatz

GR 12

Die Wortfolge kann stark von den Sprechintentionen abhängen. Beispiele für neutrale Aussagen bzw. Fragen:

	Subjekt: Substantiv	Subjekt: Pronomen
Aussagesatz	**А́нна** живёт в Ли́пецке.	**Она́** живёт в Ли́пецке.
Fragesatz ohne Fragewort	**А́нна** живёт в Ли́пецке?	**Она́** живёт в Ли́пецке?
Fragesatz mit Fragewort	Где живёт **А́нна**?	Где **она́** живёт?

Satzbau: Stellung des Adverbs то́же

GR 12.3

То́же trägt immer die Satzbetonung. Es steht meist vor dem zu bestimmenden Wort bzw. der Wortgruppe.
Я **то́же** инжене́р. / Она́ **то́же** живёт в Ли́пецке? / Мы из Герма́нии. – Они́ **то́же** (из Герма́нии).

Rechtschreibung und Aussprache:

GR 1.2, 2

1. Nach г, к, х, ж, ч, ш, щ schreibt man **nie** ы, sondern и.
   Пра́га – из Пра́г**и** / По́льша – из По́льш**и**.

2. Nach ж, ш und ц spricht man betontes и wie [ы] und betontes e wie [э].
   ц**и**рк – ц[ы]рк, ц**е**нтр – ц[э]нтр, ш**е**ф – ш[э]ф

два́дцать оди́н **21**

3 Как ваши дела?

über das Befinden sprechen • Verwandtschaftsbeziehungen angeben • Familien-
mitglieder und Freunde vorstellen • die Anzahl von Familienmitgliedern angeben •
ausdrücken, dass man etwas hat • den Namen einer dritten Person erfragen

1 Всё в порядке.

а Прослушайте диалоги. Hören Sie: Welcher Dialog passt zu welchem Bild?

б Прочитайте диалоги. Lesen Sie die Dialoge und ergänzen sie.

1.
▲ Здравствуйте! Как ваши дела?
▼ Спасибо, хорошо. А ваши?
▲ Нормально, спасибо.

2.
◆ Здравствуй! Как дела?
■ У меня всё в порядке. А у тебя?
◆ У меня тоже ничего.

3.
● Привет! Ну, как ты?
▲ Не очень. А ты?
● Тоже плохо.

☺ отлично _____ _____ ничего _____ плохо ☹

_____

в Спросите вашего партнёра.
Fragen Sie Ihren Partner, wie es ihm geht.

Здравствуй / Здравствуйте!
Как дела?

г Дополните пропущенные формы. Ergänzen Sie die Genitivform der Pronomen.

> **Кого?**
> **Genitiv der Personalpronomen**
>
> | Nominativ | я | ты | он | она | оно | мы | вы | они |
> |---|---|---|---|---|---|---|---|---|
> | Genitiv | _____ | _____ | (н)его | (н)её | (н)его | нас | вас | (н)их |
>
> ❗ у него, у неё, у них

Pronomen (m / n): Genitiv Singular
✏ : его, кого, ничего
👄 : е[в]о, ко[в]о, ниче[в]о

д Придумайте диалог, аналогичный 1б.
Erarbeiten Sie in Anlehnung an 1б ein formelles und ein informelles Gespräch mit einem Geschäfts-
partner bzw. sehr guten Freund.

AB 1-5

2 **Э́то моя́ семья́.**

а Прочита́йте и отме́тьте.
Lesen Sie und kreuzen Sie an.

Я – Макси́м Оле́гович. Оле́гович – э́то моё о́тчество. Моя́ фами́лия Ивано́в. Я журнали́ст. А э́то моя́ семья́. Еле́на – моя́ жена́. Она́ доце́нт в университе́те. Еле́на из Му́рманска. А э́то моя́ мать, Мари́я Па́вловна, и мой оте́ц, Оле́г Петро́вич. Оте́ц из Владивосто́ка, а мать из Воро́нежа, но они́ уже́ давно́ живу́т здесь, в Петрозаво́дске. Оте́ц инжене́р, а мать хиру́рг. Вот э́то Влади́мир, наш сын, и Татья́на, на́ша дочь. Та́ня уже́ студе́нтка. Она́ тепе́рь живёт в Москве́.

	пра́вильно	непра́вильно
1. Макси́м Оле́гович журнали́ст.	☐	☐
2. Еле́на доце́нт в университе́те.	☐	☐
3. Та́ня живёт в Петрозаво́дске.	☐	☐

б Допо́лните местоиме́ния. Sehen Sie sich die Markierungen im Text (2a) an und tragen Sie die fehlenden Pronomen ein.

Nominativ der Possessivpronomen
→ in Geschlecht und Zahl wie Substantiv*

	m	f	n
я	_____	_____	_____
ты	твой	твоя́	твоё
мы	_____	_____	на́ше
вы	ваш	ва́ша	ва́ше

в Допо́лните схе́му. Übertragen Sie die Angaben aus 2a in den Stammbaum.

Unbetontes e nach ж, ш und ц:
✏ : жена́   🥄 : ж[ы]на́

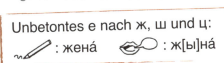

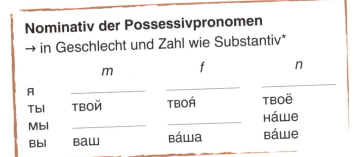

г Запо́лните про́пуски. Ergänzen Sie die Lücken in den Aussagen auf der Grundlage des Textes 2a. Notieren Sie dann die Namen der Personen, von denen die Aussagen stammen.

| мать – оте́ц | дочь – сын | ба́бушка – де́душка | вну́чка – внук |
| ма́ма – па́па | до́чка – сыно́к | жена́ – муж | сестра́ – брат |

1. «Э́то на́ша ба́бушка – Мари́я Па́вловна. Она́ мать па́пы. А э́то

   наш _____ – Оле́г Петро́вич.» _____

2. «Э́то наш _____ Влади́мир. Он сын Макси́ма и Еле́ны. А э́то

   Та́ня – на́ша _____. Она́ уже́ студе́нтка.» _____

Maskulina auf -а
→ II. Deklination; наприме́р: _____ , _____

*Possessivpronomen der 3. Person: Отли́чно А2+

д Вставьте местоимения. Setzen Sie die Possessivpronomen ein. Üben Sie die Dialoge.

1.
- Максим Олегович, как _____ (1) фамилия?
- _____ (2) фамилия Иванов.
- А Елена _____ (3) жена?
- Да, она _____ (4) жена.
- А это _____ (5) сын?
- Да, это _____ (6) сын Владимир.
- Понимаю.

2.
- Таня, это _____ (7) дедушка?
- Да, это _____ (8) дедушка.
- А это?
- Это _____ (9) мама.
- _____ (10) отец инженер?
- Нет, он журналист.
- А, интересно.

AB 6-10

3 У вас есть дети?

a Прослушайте диалог, посмотрите фотографию и отметьте. Hören Sie zu, betrachten Sie das Foto und kreuzen Sie an.

есть
→ Betonung, dass etwas / jemand existiert, vorhanden ist.
у меня есть – ich habe
у Веры и Бориса есть – Vera und Boris haben

	правильно	неправильно
1. Das Foto zeigt Ilonas Familie.	☐	☐
2. Ilonas Kinder wohnen noch zu Hause.	☐	☐
3. Nadeshdas Söhne heißen Anton und Valerij.	☐	☐
4. Nadeshda hat zwei Enkelinnen.	☐	☐

б Найдите в тексте вопросы к ответам. Finden Sie im Text die Fragen zu den Antworten auf S. 25. Unterstreichen Sie Angaben zur Zahl von Kindern und ergänzen Sie Beispiele.

▼ Илона, вы живёте в Гёттингене?
◆ Да, я из Гёттингена.
▼ А у вас там есть семья?
◆ Да, у меня есть муж, сын и дочь. Вот фотография.
▼ Ой, как интересно! Это ваш муж?
◆ Да.
▼ Как его зовут?
◆ Томас. Он программист. А это наша дочь. Её зовут Петра.
▼ А сына как зовут?
◆ Его зовут Штеффен.
▼ Ну, и как они там, без мамы?
◆ Ничего. Дети уже не живут дома. Петра живёт в Дрездене, а Штеффен в Бонне.

▼ У них дети уже есть?
◆ Ещё нет. А у вас дети есть?
▼ Да, у меня два сына, Антон и Валерий. А дочки у меня нет.
◆ А кто они по профессии?
▼ Антон студент, а Валерий хирург.
◆ А внук или внучка уже есть?
▼ Да, есть две внучки.
◆ Надежда, извините, как ваше отчество?
▼ Валентиновна, но называйте меня Надежда.
◆ Хорошо.

24   двадцать четыре

1. _____ – У меня́ два сы́на. А до́чки у меня́ нет.

2. _____ – Да, у меня́ есть муж, сын и дочь.

3. _____ – Ещё нет.

4. _____ – Да, есть две вну́чки.

Zahl	Zahlwort	+ Fall	Beispiel
1	(оди́н) / (одна́)	Nom. Sing.	(оди́н) _____ (одна́) _____
2 - 4	два / две, три, четы́ре	Gen. Sing.	два _____ две _____

> **Verneinung der Existenz (нет)**
> → verneintes Wort: Gen.
> У меня́ нет
> _____ /
> _____ .

в Вста́вьте ну́жное сло́во. Setzen Sie das richtige Wort im richtigen Fall ein.

брат ▌ сы́на ▌ до́чки ▌ сын ▌ сестры́ ▌ де́ти

1. ● У вас два _____?

   ■ Нет, у меня́ оди́н _____ и дочь.

2. ● У вас есть до́чка?

   ■ У нас есть две _____.

3. ● У тебя́ есть брат и́ли сестра́?

   ■ У меня́ _____,

   а _____ нет.

4. ● У вас есть _____?

   ■ Нет.

г Сформули́руйте вопро́сы. Formulieren Sie die Fragen. Finden Sie jemanden im Kurs, ...

1. ... der keinen Bruder hat.   _____ _____

2. ... der zwei Schwestern hat.   _____ _____

3. ... dem es gut geht.   _____ _____

д Напиши́те, как говоря́т по-ру́сски. Notieren Sie, was man sagt, wenn man ...

1. ... äußert, dass man eine Tochter hat.   3. ... eine Fotografie zeigt.
2. ... mitteilt, dass man keinen Sohn hat.   4. ... etwas interessant findet.

е Допо́лните. Ergänzen Sie und beantworten Sie die Fragen.

> **Кого́?**
> **Akkusativ der Personalpronomen**
>
> | Nominativ | я | ты | он | она́ | оно́ | мы | вы | они́ |
> |-----------|---|----|----|------|------|----|----|----|
> | Akkusativ | _____ | тебя́ | (н)_____ | (н)_____ | (н)его́ | нас | вас | (н)их |

1. Как зову́т дочь Ило́ны?   2. Как зову́т сы́на Ило́ны?   3. Как зову́т му́жа Ило́ны?

ж Приду́майте диало́г. Erarbeiten Sie einen Dialog wie in 3б.

АВ 11-16

двáдцать пять   25

3

4 Кто ещё?

a Запо́мните слова́. Prägen Sie sich die Wörter eines Kästchens ein.
Jede Gruppe notiert möglichst viele Wörter an die Tafel.

 подру́га – друг   де́вушка – па́рень

1. мать, де́душка, оте́ц, сестра́, муж, па́рень, до́чка, ба́бушка, вну́чка

2. па́па, подру́га, брат, де́вушка, внук, жена́, друг, ма́ма, сын

б Сгруппиру́йте слова́ из 4а. Ordnen Sie die Wörter aus 4a den Oberbegriffen zu.

АВ 17-22

мужчи́на   же́нщина

мужчи́на
му[щ]и́на

5 Как зову́т твоего́ му́жа?

a Прослу́шайте диало́ги: К како́му диало́гу отно́сится рису́нок? Hören Sie: Welcher Dialog passt zur Abbildung?

б Прочита́йте и допо́лните пра́вило.
Lesen Sie und ergänzen Sie die Regel.

1.
▲ Ма́ша, как зову́т твоего́ му́жа?
● Кого́?
▲ Твоего́ му́жа.
● У меня́ нет му́жа.

2.
◆ Бори́с, как зову́т твою́ де́вушку?
■ Э́то не моя́ де́вушка. Э́то Ни́на – подру́га сестры́.
◆ Понима́ю.

3.
● Извини́те, как зову́т ва́шего дире́ктора?
▲ Анато́лий Миха́йлович.
● Спаси́бо.

Akkusativ Singular der Substantive

	m unbelebt	m belebt	n	f / m	
Nom.	–	–	-о	-а	-я
Endung Akk.	–	___	-о	___	-ю
наприме́р	дом	друг	о́тчество	подру́га	Ната́лья
	дом	___	о́тчество	___	Ната́лью

Akkusativ Singular der Possessivpronomen

Nominativ	мой	моя́	моё	наш	на́ша	на́ше
Akkusativ	мой / ___		моё	наш / ___		на́ше

! Мою́ мать / дочь зову́т ...
• Моего́ отца́ / па́рня зову́т ...

26   два́дцать шесть

в Сформули́руйте вопро́сы к диало́гам. Formulieren Sie zu jedem Dialog eine Frage und stellen Sie diese Ihrem Nachbarn.

г Сформули́руйте вопро́сы. Formulieren Sie die Fragen nach den Namen.

твоя́ подру́га ▎ ва́ша колле́га ▎ ваш муж ▎ твой колле́га

1. _____ – Его́ зову́т Анато́лий Макси́мович.

2. _____ – Её зову́т Ната́ша.

3. _____ – Его́ зову́т Андре́й.

4. _____ – Её зову́т Татья́на Петро́вна.

AB 23-27

электро́нное письмо́

6 Приве́т из Москвы́.

a Прочита́йте. Lesen Sie und beantworten Sie die Fragen.

Здравствуй, Максим!
Привет из Москвы! У меня всё отлично. Здесь всё очень интересно. Я живу в русской семье. Жену зовут Надежда, а мужа Андрей. У них есть дети, но они уже не живут дома. Надежда по профессии бухгалтер, а Андрей – инженер. Они живут в центре Москвы. На фотографии – это мы в Кремле.
Наш курс тоже очень интересный. В группе у нас четыре женщины из Австрии, Швеции, Дании и Англии, и один мужчина. А это я! А у тебя дома всё в порядке?
Кстати*, привет от Катерины. Она тоже в Москве. Она теперь студентка университета.
Вот пока и всё. Пиши!* До свидания.
Маркус

*кста́ти – übrigens; Пиши́! – Schreib mal!

1. Где Ма́ркус?   3. Как у него́ дела́?   5. Кто ещё в Москве́?
2. У кого́ он живёт?   4. В гру́ппе есть мужчи́на?

б Запиши́те формулиро́вки в пи́сьмах. Notieren Sie, wie man in einem Brief …

1. … die Anrede formuliert.   _____

2. … sich nach dem Befinden erkundigt.   _____

3. … ausdrückt, dass man nun zum Ende kommt.   _____

4. … Grüße von jemandem ausrichtet.   _____

5. … sich verabschiedet.   _____

AB 28-34 **в** Напиши́те отве́т на письмо́. Schreiben Sie eine Antwortmail.

7 А брат у тебя́ есть?

Напиши́те небольшо́й текст о ва́шей семье́. Schreiben Sie einen kurzen Text, in dem Sie, ähnlich wie in 2a, Ihre Familie vorstellen. Nutzen Sie Fotos, einen Stammbaum etc. Die anderen Teilnehmer stellen ergänzende Fragen.

два́дцать семь **27**

3

Любопы́тно знать Interessant zu wissen

 a Прочита́йте снача́ла вопро́сы, а пото́м текст. Lesen Sie zunächst die Fragen auf Deutsch und dann den Text. Konzentrieren Sie sich dabei nicht auf noch unbekannte Grammatikformen und Wörter, sondern auf die Informationen, die Sie zum Beantworten der Fragen benötigen. Nutzen Sie die Hilfestellung zum Wortschatz neben dem Text. Beantworten Sie die Fragen stichwortartig auf Russisch.

1. Wie viele Söhne und Töchter hatte L.N. Tolstoi?
2. Wie hieß Tolstois Ehefrau?
3. Was liebten Tolstois Kinder außer der Kunst?
4. Welche Funktion hat einer der Nachfahren Tolstois seit 1994?

Семья́ Льва Никола́евича Толсто́го	
У Льва Никола́евича Толсто́го была́ о́чень больша́я семья́ – трина́дцать дете́й: де́вять сынове́й и четы́ре до́чери. И была́ у него́ о́чень у́мная и краси́вая жена́ – Со́фья Андре́евна.	
Де́ти Толсто́го люби́ли литерату́ру, му́зыку, иску́сство. И у них был литерату́рный и музыка́льный тала́нт. Так, наприме́р, Серге́й – компози́тор, профе́ссор в Моско́вской консервато́рии, Татья́на – худо́жница, Илья́ – писа́тель и журнали́ст, Лев – писа́тель и ску́льптор, и Алекса́ндра то́же писа́тельница.	liebten; Kunst Künstlerin Schriftsteller Schriftstellerin
По́сле револю́ции 1917 го́да де́ти Толсто́го эмигри́ровали. То́лько ста́рший сын Серге́й оста́лся в Росси́и. В на́ше вре́мя пото́мки э́того ру́сского писа́теля живу́т в Росси́и, Ита́лии, Герма́нии, Шве́ции, США, во Фра́нции и в други́х стра́нах.	der älteste blieb; in unserer Zeit; die Nachfahren
У Толсто́го бо́лее 300 пото́мков: 32 вну́ка, 56 правну́ков, 117 праправну́ков и бо́лее 80 прапраправну́ков. Они́ юри́сты, эко́логи, педаго́ги, агроно́мы, экономи́сты, гео́логи, инжене́ры, журнали́сты, био́логи, хи́мики и т. д. А оди́н из них, праправну́к Льва Никола́евича, с 1994 го́да дире́ктор музе́я Толсто́го в Я́сной Поля́не, где когда́-то жил прапраде́душка.	mehr (als) einst

 б Найди́те в те́ксте соотве́тствующие выраже́ния. Unterstreichen Sie im Text Entsprechungen für die Ausdrücke.

1. „literarisches und musikalisches Talent"
2. „nach der Revolution"
3. „eine kluge und schöne Ehefrau"

в Напиши́те, как по-неме́цки. Notieren Sie auf Deutsch.

1. о́чень больша́я семья́
2. пра- (правну́к, прапраде́душка)
3. эмигри́ровать

Я уже́ уме́ю … Ich kann schon …

			Übung
• über das Befinden sprechen.			→ 1
• über meine Familie berichten und Fragen zu Verwandten / Freunden stellen.			→ 2-7
• ausdrücken, dass ich etwas (nicht) habe.			→ 3
• andere Personen mit Namen vorstellen.			→ 3, 5
• sagen, wo / bei wem ich mich aufhalte.			→ 3
• eine E-Mail schreiben.			→ 6

28 два́дцать во́семь

Резюме Zusammenfassung

Substantive: Belebtheit / Unbelebtheit   GR 4.2

Im Russischen unterscheidet man: *belebte* Substantive (alle Personen und Tiere) ⟷ *unbelebte* Substantive (alle anderen). Im Singular gilt diese Unterscheidung nur für männliche Substantive.
Akk. *belebt* = Genitiv; Akk. *unbelebt* = Nominativ.

Substantive: Akkusativ Singular   GR 4.2

	I. Deklination				II. Deklination		
	m			*n*	*f / m*		*f*
	—	-ь	-й	-о	-а	-я	-ия
Nom.	студе́нт	па́рень	музе́й	Ива́ново	сестра́	кофе́йня	Росси́я
Gen.	студе́нта	па́рня	музе́я	Ива́нова	сестры́	кофе́йни	Росси́и
Akk.	студе́нта	па́рня	музе́й	Ива́ново	сестру́	кофе́йню	Росси́ю
Präp.	студе́нте	па́рне	музе́е	Ива́нове	сестре́	кофе́йне	Росси́и

KB 2, 5

Personalpronomen: Genitiv und Akkusativ (2)   GR 6.1

Nom.	я	ты	он	она́	оно́	мы	вы	они́
Gen.	меня́	тебя́	(н)его́	(н)её	(н)его́	нас	вас	(н)их
Akk.	меня́	тебя́	(н)его́	(н)её	(н)его́	нас	вас	(н)их

KB 1, 3

Personalpronomen 3. Person + Präposition: + н- → **у н**его́, **от н**её.

Possessivpronomen: Nominativ und Akkusativ Singular   GR 6.2

	m	*f*	*n*	*m*	*f*	*n*
Nom.	мой	моя́	моё	наш	на́ша	на́ше
Akk.	мой / моего́	мою́	моё	наш / на́шего	на́шу	на́ше

KB 2, 5

твой, твоя́, твоё analog zu мой, моя́, моё; ваш, ва́ша, ва́ше analog zu наш, на́ша, на́ше.

Interrogativpronomen:
Genitiv und Akkusativ von кто   GR 6.3

KB 1, 3

Nom.	кто
Gen.	кого́
Akk.	кого́

Präpositionen: у, без und от   GR 7

у, без und от → Genitiv:

KB 1, 3, 6

у меня́, у бра́та, у ма́мы / без тебя́, без бра́та, без ма́мы / от Ни́ны, от Андре́я

Kasusgebrauch: Nominativ und Genitiv mit den Zahlwörtern 1-4   GR 4.3

Zahl	Zahlwort	+ Fall	Beispiel
1	оди́н / одна́	Nom. Sing.	оди́н брат, одна́ сестра́
2 – 4	два / две, три, четы́ре	Gen. Sing.	два бра́та, две сестры́

KB 3

Kasusgebrauch: Genitiv zur Verneinung der Existenz   GR 4.3

KB 3

Das verneinte Wort steht im Genitiv: У меня́ нет бра́та. У него́ нет сестры́.

Rechtschreibung und Aussprache: GR 1.2

1. Nach ж, ш und ц spricht man unbetontes e wie [ы] aus: жена́ – ж[ы]на́
2. Die Konsonantenverbindung -жч- wird wie [щ] gesprochen: мужчи́на – му[щ]и́на

два́дцать де́вять **29**

Путешéствие по Росси́и Eine Reise durch Russland

Spielregeln

Das Spiel ist für zwei bis drei Spieler geeignet. Jeder Spieler überlegt zunächst seine Reiseroute und notiert die Namen von sieben Städten in dieser Reihenfolge. Die Spielsteine werden auf das Feld Старт gesetzt. Der erste Spieler wählt eine Aufgabe und liest diese vor. Kann er die Aufgabe richtig beantworten, setzt er seinen Spielstein auf das Feld seiner ersten Stadt. Ist die Antwort nicht richtig, muss der Spielstein stehen bleiben. Dann ist der nächste Spieler an der Reihe.

Die Aufgaben müssen nicht in der angegebenen Reihenfolge beantwortet werden. Richtig gelöste Aufgaben werden abgehakt. Die Aufgaben 1-4 können von mehreren Spielern gelöst werden. Um dabei Wiederholungen zu vermeiden, werden die Antworten notiert.
Es gewinnt der Spieler, der die meisten Städte besucht hat.

Мой маршру́т:

_____

_____

1. Nennen Sie drei europäische Länder.

2. Nennen Sie Einwohner dreier europäischer Länder.

3. Nennen Sie zwei Bezeichnungen für Straßen.

4. Nennen Sie drei Verwandte.

☐ Мы живём ... Берли́не.

☐ Она́ живёт ... подру́ги.

☐ Он живёт ... у́лице Баба́ева.

☐ У бра́та письмо́ ... подру́ги.

☐ Приве́т ... Бори́са!

☐ ... вы? – Из Берли́на.

☐ ... ты? – Я уже́ в кафе́.

☐ ... дела́?

☐ Са́ша, у ... есть сестра́?

☐ А́нна Петро́вна, у ... есть де́ти?

☐ Анке из ... (А́встрия).

☐ Вот а́дрес ... (Бори́с).

☐ Та́ня в ... (университе́т).

☐ У ... (она́) всё в поря́дке.

☐ У сестры два ... (сын).

☐ У него́ нет ... (жена́).

☐ Э́то мой друг. – Как ... зову́т?

☐ Как по-ру́сски «noch»?

☐ Как по-ру́сски «schon»?

☐ Как по-ру́сски «ausgezeichnet»?

☐ Как по-неме́цки «наве́рное»?

☐ Как по-неме́цки «до́ма»?

☐ Как по-неме́цки «фами́лия»?

☐ Э́то ... (мой / мы / моя́) муж.

☐ ... (наш / на́ша / на́ше) гру́ппа в Москве́.

☐ ... (мой / моя́ / моё) де́душка до́ма.

☐ Как зову́т ... (твоя́ подру́га / твою́ подру́гу)?

☐ 0, 1, ... 9

☐ 10, 11, ... 19

☐ 0, 2, 4 ... 18

☐ Sie bitten um eine Auskunft.

☐ Sie entschuldigen sich.

☐ Sie bedanken sich.

☐ Sie verabschieden sich.

☐ Sie begrüßen einen Freund / eine Freundin.

☐ Sie erkundigen sich nach dem Befinden.

тридцать один 31

4 Вы говори́те по-ру́сски?

Bezeichnungen erfragen und angeben • Zahlen von 20 bis 400 • Preise erfragen und verstehen • im Café etwas bestellen • sich über Sprachkenntnisse und Sprachenlernen austauschen • sagen und erfragen, was jemand gerade macht / nicht macht

1 Что э́то?

а Подбери́те назва́ния. Ordnen Sie zu und stellen Sie sich Fragen.

бутербро́д ∎ капучи́но ∎ ча́шка ча́я ∎ блины́ ∎ пельме́ни ∎ стака́н со́ка ∎ сала́т ∎ ча́шка ко́фе ∎ буты́лка ква́са

Что э́то? Э́то пельме́ни?
Да, э́то пельме́ни.
Нет, э́то не пельме́ни. Э́то ...
Не зна́ю.

e-Konjugation
	знать
я	зна́ю
ты	зна́ешь
он/она́	зна́ет
мы	зна́ем
вы	зна́ете
они́	зна́ют

что
[ш]то

 1 _____  2 _____  3 _____ 4 _____

 5 _____ 6 _____  7 _____  8 _____ 9 _____

б Сгруппиру́йте проду́кты в меню́. Sortieren Sie die Angebote auf der Karte. Stellen Sie sich gegenseitig Fragen.

 напи́тки

 еда́

Как по-неме́цки минера́льная вода́?

в Напиши́те на ка́рточках напи́тки и еду́. Notieren Sie Getränke und Speisen auf Kärtchen und mischen und verteilen Sie diese. Stellen Sie Fragen wie im Beispiel.

Ко́фе у вас есть?
Да, есть.
Нет. Но есть капучи́но.

Меню́

Омле́т	70 руб.
Сала́т «Оливье́»	170 руб.
Стейк	410 руб.
Бефстро́ганов	240 руб.
Эспре́ссо	80 руб.
Капучи́но	120 руб.
Чёрный чай	90 руб.
Зелёный чай	90 руб.
Торт «Наполео́н»	150 руб.
Анана́с	90 руб.
Тома́тный сок	60 руб.
Апельси́новый сок	60 руб.
Минера́льная вода́	40 руб.
Ко́ка-Ко́ла	70 руб.
Све́тлое пи́во	80 руб.

г Напиши́те оконча́ния и приведи́те приме́ры. Ergänzen Sie die Endungen und notieren Sie passende Beispiele.

Adjektive: Nominativ Singular

	m	n	f
Nominativ	-____	-____	-____
наприме́р	____	____	____

AB 1-6

2 Числа

a Вам читают числа. Повторите их. Ihr Kursleiter liest die Zahlen vor. Sprechen Sie nach.

20	двадцать	50	пятьдесят	80	восемьдесят	200	двести
30	тридцать	60	шестьдесят	90	девяносто	300	триста
40	сорок	70	семьдесят	100	сто	400	четыреста

б Дополните. Vervollständigen Sie die Zahlen.

21 двадцать один / одна / одно
32 тридцать два / две
54 пятьдесят _____
76 _____
109 сто _____
210 _____

в Прослушайте и соедините числа. Verbinden Sie die Zahlen in der Reihenfolge, in der Sie sie hören.

100 73 29
98   37 97 7
70   60 10
82 18 50 11
   14
40   86 68
16   44
20 13   21
    30 85 52
19 12   53
       35

г Спросите, сколько стоит ... Fragen Sie nach dem Preis: Notieren Sie auf Kärtchen eine Speise / ein Getränk – einmal mit, einmal ohne Preis.

чай
чай 45 рублей

Сколько стоит чай?
Чай стоит 45 рублей.

1	рубль	21	рубль
2, 3, 4	рубля	22, 23, 24	рубля
5 - 20	рублей	25, 26 ... 30	рублей

> Zahlen 5 – ...0: Genitiv Plural (Lektion 7). Prägen Sie sich die Form рублей hier zunächst einfach als Wendung ein.

AB 7-13

3 Мне, пожалуйста, пельмени.

a Прослушайте. Hören Sie den Dialog und bringen Sie ihn in die richtige Reihenfolge.

- ☐ ■ И ещё чёрный чай.
- ☐ ■ Чашку.
- ☐ • Чашку или чайник?
- ☐ ■ Мне, пожалуйста, пельмени и минералку.
- ☐ • Пельмени и минералку. Это всё?
- ☐ • 215 рублей.

Кому? Dativ der Personalpronomen

| Nominativ | я | ты | он | она | оно | мы | вы | они |
| Dativ | мне | тебе | (н)ему | (н)ей | (н)ему | нам | вам | (н)им |

б Спросите друг друга. Erfragen Sie bei den anderen Gruppenmitgliedern, was sie bestellen wollen, und fassen Sie die Bestellungen zu einer gemeinsamen zusammen.

AB 14-16

тридцать три **33**

4

4 Ты говори́шь по-неме́цки?

а Прослу́шайте и отме́тьте.
Hören Sie und kreuzen Sie an.

	пра́вильно	непра́вильно
1. Natascha bestellt sich Pizza und eine Flasche Cola.	☐	☐
2. Angela möchte ein Glas Saft.	☐	☐
3. Beide bestellen sich eine Tasse Tee.	☐	☐

б Прослу́шайте ещё раз и прочита́йте. Hören Sie noch einmal und lesen Sie mit. Unterstreichen Sie die Aussage, die Angela über ihre Russischkenntnisse macht.

■ Анге́ла, приве́т! Ну, как ты?
● Хорошо́. А ты?
■ То́же ничего́. Анге́ла, вот меню́. Тебе́ то́же пи́ццу «Маргари́та»?
● Да.
■ А что тебе́ ещё?
● Стака́н со́ка и ча́шку ча́я.
■ Нам, пожа́луйста, две пи́ццы «Маргари́та», стака́н со́ка, минера́лку и две ча́шки ча́я.
▲ Две пи́ццы «Маргари́та», стака́н со́ка, минера́лку и две ча́шки ча́я.

■ Анге́ла, ты уже́ хорошо́ говори́шь по-ру́сски!
● Спаси́бо. Я тепе́рь учу́ ру́сский язы́к. Но я ещё не о́чень хорошо́ понима́ю. Говори́, пожа́луйста, немно́го ме́дленнее.
■ Хорошо́. А ты здесь в Москве́ у́чишь ру́сский язы́к?
● Нет, до́ма, в Герма́нии. А ты говори́шь по-неме́цки?
■ Нет. Я то́лько зна́ю, как по-неме́цки «Приве́т»: Hallo! А что вы де́лаете на заня́тии?

в Спроси́те. Fragen Sie sich gegenseitig.

по-неме́цки ▮ по-испа́нски ▮
по-францу́зски ▮ по-италья́нски ▮
по-англи́йски

Ты говори́шь / вы
говори́те по-ру́сски?
  Да. / Нет, я говорю́ …
  А ты?

i-Konjugation

	говори́ть
я	говорю́
ты	говори́шь
он / она́	говори́т
мы	говори́м
вы	говори́те
они́	говоря́т

Alltagssprache:
Я учу́ ру́сский.

г Сравни́те и допо́лните. Vergleichen und ergänzen Sie.

1. Я учу́ ру́сский язы́к. — Я говорю́ по-ру́сски.
2. Ты у́чишь _____ язы́к? — Ты говори́шь по-англи́йски?
3. Он у́чит неме́цкий язы́к. — Он говори́т _____.
4. Мы _____ францу́зский язы́к. — Мы _____ _____.
5. Вы _____ _____ язы́к? — Вы _____ по-испа́нски?

д Сформули́руйте предложе́ния. Bilden Sie aus den Wörtern Sätze.

1. уже́ вы говори́те хорошо́ по-ру́сски. _____
2. англи́йский мы у́чим язы́к. _____
3. по-неме́цки говори́т хорошо́ он? _____
4. говорю́ немно́го по-испа́нски я. _____

е Напиши́те, как говоря́т по-ру́сски. Notieren Sie, wie man sagt, dass …

1. … man Russisch lernt.
2. … man noch nicht gut Russisch versteht.
3. … man nur ein wenig Russisch spricht.
4. … jmd. bitte langsamer sprechen möchte.

AB 17-20

34 три́дцать четы́ре

5 Я ничего́ не понима́ю!

а Соста́вьте из выска́зываний диало́г. Ordnen Sie die passenden Aussagen einander zu und führen Sie ein ähnliches Gespräch.

> Я ничего́ не понима́ю!

> А «наро́дный университе́т» – э́то что?

1

2

> По-неме́цки э́то Volkshochschule.

> Э́то непра́вда. Ты уже́ зна́ешь, как по-неме́цки университе́т.

б Вста́вьте глаго́лы: знать и́ли понима́ть. Setzen Sie das richtige Verb ein.

1. Ты _____, как по-ру́сски «Universität»? – Зна́ю.

2. Вы всё _____? – Нет, не всё. Говори́те, пожа́луйста, ме́дленнее.

3. Ты _____ по-неме́цки? – Да, но не о́чень хорошо́.

4. Он _____, где мы живём? – Да, у него́ есть наш а́дрес.

5. Твоя́ жена́ зна́ет ру́сский язы́к? – Да, она́ уже́ хорошо́ _____ по-ру́сски.

в Соедини́те выска́зывания. Verbinden Sie zueinander passende Äußerungen und erstellen Sie selbst Kärtchen, die Sie einer anderen Gruppe weitergeben.

AB 21-22

1	2	3	4
Мне, пожа́луйста, буты́лку лимона́да.	Он хорошо́ говори́т по-ру́сски?	И мне то́же.	Да, о́чень.

6 Что вы де́лаете?

а Допо́лните предложе́ния. Vervollständigen Sie die Sätze.

ра́дио ▮ журна́л ▮ газе́та ▮ письмо́ ▮ конце́рт ▮ текст

чита́ть кни́гу
Я чита́ю _____.

Ты _____?

слу́шать му́зыку
Она́ слу́шает _____.

Мы _____.

писа́ть откры́тку
Вы пи́шете _____?

Они́ _____.

б Прослу́шайте диало́г и отме́тьте. Hören Sie zu und kreuzen Sie an.

	пра́вильно	непра́вильно
1. Преподава́тель – не́мец.	☐	☐
2. Он хоро́ший преподава́тель.	☐	☐
3. Они́ у́чат то́лько грамма́тику.	☐	☐

писа́ть
я пишу́
ты пи́шешь
он / она́ пи́шет
мы пи́шем
вы пи́шете
они́ пи́шут

три́дцать пять **35**

в Прослу́шайте ещё раз и прочита́йте. Hören Sie zu und lesen Sie mit. Unterstreichen Sie die Formulierungen zur Altersangabe.

- ■ Я зна́ю, как по-неме́цки «Приве́т»: Hallo! А что вы де́лаете на заня́тии?
- ● Мы у́чим не то́лько грамма́тику. Мы говори́м о Росси́и, о семье́ и о рабо́те, чита́ем и пи́шем, слу́шаем компакт-диск.
- ■ Кто ваш преподава́тель?
- ● Не понима́ю. Повтори́, пожа́луйста. Препо...?
- ■ Преподава́тель. Э́то учи́тель, доце́нт.
- ● А, по-неме́цки э́то Lehrer. Наш преподава́тель ру́сский, но он уже́ четы́ре го́да живёт в Герма́нии.

- ■ Он хоро́ший преподава́тель?
- ● Да, о́чень хоро́ший.
- ■ Ско́лько ему́ лет?
- ● Не зна́ю. Приме́рно 30, 35.
- ▲ Вот две пи́ццы и чай. Кому́ сок?
- ● Мне. Спаси́бо.
- ■ А минера́лку мне. Спаси́бо. И счёт, пожа́луйста!
- ▲ Оди́н моме́нт. 460 рубле́й.
- ■ Вот, пожа́луйста.
- ● Большо́е спаси́бо, Ната́ша.
- ■ Не́ за что.

г Спроси́те друг дру́га. Erfragen Sie das Alter der Personen.

1. Ди́ма Била́н, *1981
2. Ди́на Ру́бина, *1953
3. Га́рри Каспа́ров, *1963
4. Светла́на Слепцо́ва, *1986

Ско́лько ей / ему́ лет?
Ей / ему́ ... год / го́да / лет.
1 год	21 год
2, 3, 4 го́да	22, 23, 24 го́да
5 - 20 лет	25, 26 ... 30 лет

д Подбери́те отве́ты. Ordnen Sie den Fragen die richtigen Antworten zu.

1. Ско́лько Вам лет?
2. Ско́лько лет вы живёте в Герма́нии?
3. Ско́лько лет ты уже́ у́чишь ру́сский?
4. Ско́лько лет ты зна́ешь твою́ жену́?
5. Вы давно́ живёте в Москве́?

а Приме́рно год.
б Да, уже́ 24 го́да.
в Мне 33 го́да.
г Ой, давно́, уже́ 35 лет.
д В Герма́нии? Приме́рно 13 лет.

е Прочита́йте диало́г ещё раз. Lesen Sie das Gespräch 6в noch einmal. Beantworten Sie dann die Fragen. Stellen Sie die Fragen anderen im Kurs und vergleichen Sie die Antworten.

1. Что вы де́лаете на заня́тии? _____

2. О чём и о ком вы говори́те на заня́тии? _____

3. У вас хоро́ший преподава́тель? _____

4. Кто ваш преподава́тель? _____

ж Напиши́те, как говоря́т по-ру́сски. Notieren Sie, wie man sagt, dass ...

1. ... der andere etwas bitte wiederholen möchte. _____

2. ... man um etwas Geduld bittet. _____

3. ... man sich vielmals bedankt. _____

4. ... man die Rechnung haben möchte. _____

5. ... es keinen Grund zum Danken gibt. _____

AB 23-30

36 три́дцать шесть

7 Я учу́ ру́сский язы́к.

a Прочита́йте письмо́. Lesen Sie den Brief und notieren Sie, in welchem Absatz Antworten auf die Fragen gegeben werden.

а Как Биргит понима́ет по-ру́сски? ____ в Что она́ ещё де́лает? ____

б Где она́ говори́т по-ру́сски? ____ г Где Биргит? ____

Приве́т!

Большо́й вам приве́т из Росси́и! У меня́ всё отли́чно. А как у вас дела́?

Я тепе́рь в Ива́нове, учу́ ру́сский в университе́те. Я здесь говорю́ то́лько по-ру́сски – на заня́тии, в общежи́тии, в кафе́ и рестора́не. ____ 1

На заня́тии мы о́чень мно́го говори́м о Росси́и, о го́роде и семье́, и мы пи́шем и чита́ем по-ру́сски. ____ 2

Мою́ подру́гу Же́ню и на́шего преподава́теля я понима́ю уже́ о́чень хорошо́. Они́ говоря́т ме́дленно. Но в гру́ппе есть же́нщина из Болга́рии. Она́ говори́т о́чень бы́стро. Иногда́ я ничего́ не понима́ю! ____ 3

Но ничего́. Здесь говоря́т «Век живи́ – век учи́сь». Так я живу́ и учу́ ру́сский язы́к. Но, коне́чно, не то́лько грамма́тику. Я слу́шаю му́зыку и чита́ю газе́ту и́ли журна́л. О чём я чита́ю? О поли́тике и культу́ре, о литерату́ре и спо́рте. Я понима́ю уже́ непло́хо, но, коне́чно, ещё не всё. ____ 4

Вот пока́ и всё. Пиши́те.

Мне о́чень интере́сно чита́ть, что вы де́лаете на заня́тии. ____ 5

Ва́ша Биргит

б Прочита́йте письмо́ ещё раз. Lesen Sie den Brief noch einmal, finden Sie die Antworten auf die Fragen und lesen Sie sie vor.

1. Wo lernt Birgit Russisch?
2. Weshalb versteht Birgit die Lehrerin schon gut?
3. Wer spricht sehr schnell?
4. Worüber liest Birgit?

в Приду́майте предложе́ния. Formulieren Sie Sätze: Jeder TN beginnt auf einem Blatt einen Satz mit einem Pronomen und reicht es weiter. Die nächsten ergänzen weitere Satzglieder (Verb, Präposition, evtl. Possessivpronomen, Objekt – gegebenenfalls aus Adjektiv und Substantiv). Tragen Sie Ihre Sätze vor.

г Вста́вьте три глаго́ла. Ergänzen Sie drei Verben und stellen Sie die Fragen Ihrem Partner.

О чём ты _____? О чём она́ _____? О ком вы _____?

AB 31-35 **д** Напиши́те Биргит отве́т на письмо́. Schreiben Sie einen Antwortbrief an Birgit.

8 О ко́м вы говори́те?

Приду́майте диало́г. Sie treffen sich in einem Café, unterhalten sich und geben die Bestellung auf. Erarbeiten Sie einen Dialog und formulieren Sie zwei Fragen, die die anderen TN beim Hören beantworten sollen.

три́дцать семь **37**

4

Любопы́тно знать

а Куда́ вы пойдёте, когда́ вы ...
Wohin gehen Sie, wenn Sie ...

1. Kuchen oder Torte essen möchten? ___
2. einen kleinen Imbiss zu sich nehmen möchten? ___
3. gern Kaffee trinken? ___
4. ein Glas Alkohol zum Essen trinken möchten? ___

А

Меню	
Эспрессо	109 руб.
Капучино	159 руб.
Латте	179 руб.
Американский кофе	109 руб.
Какао	129 руб.
Салаты 290 гр.	
«От шефа»	199 руб.
По-итальянски	249 руб.
Супы 200 гр.	119 руб.
Суп-крем из шампиньонов	
Суп сезона	
Сэндвичи, тосты, бейглы и панини	от 159 до 199 руб.

Б

В **Кафе Релакс**

В нашем ассортименте имеются блюда русской и европейской кухни – стейки, венский шницель, котлеты и др., вина и другие алкогольные напитки, ароматный кофе и чай, коктейли, мороженое и торты.

Добро пожаловать!

б Каки́х проду́ктов нет в кафе́ в ва́шем го́роде? Notieren Sie, welche Produkte es in Cafés in Ihrer Stadt nicht gibt.

___

___

Я уже́ уме́ю ... Ich kann schon ...

	👤	👥	Übung
• Speisen und Getränke benennen und danach fragen.			→ 1
• sagen, dass ich etwas nicht weiß / nicht verstehe.			→ 1, 5
• Zahlen bis 400 nennen und verstehen.			→ 2
• Preise erfragen und verstehen.			→ 2
• im Café eine Bestellung aufgeben.			→ 3
• sagen, dass ich Russisch lerne und schon etwas spreche.			→ 4
• sagen, dass etwas nicht der Wahrheit entspricht.			→ 5
• sagen und erfragen, was jemand gerade macht.			→ 6, 7, 8
• mein Alter angeben.			→ 6
• um Wiederholung des Gesagten bitten.			→ 6

38 три́дцать во́семь

Резюме

Personalpronomen: Dativ

GR 6.1

KB 3

Nom.	я	ты	он	она́	оно́	мы	вы	они́
Gen.	меня́	тебя́	(н)его́	(н)её	(н)его́	нас	вас	(н)их
Dat.	мне	тебе́	(н)ему́	(н)ей	(н)ему́	нам	вам	(н)им
Akk.	меня́	тебя́	(н)его́	(н)её	(н)его́	нас	вас	(н)их

Adjektive: Nominativ Singular

GR 5.1

KB 1

				nach Zischlaut, Endung unbetont		
	m	*f*	*n*	*m*	*f*	*n*
Endung Nom.	-ый, -ий, -ой русский	-ая русская	-ое русское	-ий хоро́ший	-ая хоро́шая	-ее хоро́шее

Interrogativpronomen:
Dativ und Präpositiv von кто und что

KB 3, 7

Nom.	кто	что
Gen.	кого́	чего́
Dat.	кому́	чему́
Akk.	кого́	что
Präp.	(о) ком	(о) чём

GR 6.3

GR 4.3

Kasusgebrauch: Dativ zur Altersangabe

Bei der Altersangabe steht die Person
im Dativ: Ско́лько вам лет? – Мне 25 лет.

KB 6

Verben: e- und i-Konjugation

Der Infinitiv der Verben endet in der Regel auf -ть.
Man unterscheidet e-Konjugation, i-Konjugation
und einige unregelmäßige Verben.
Die meisten Verben auf -ать, -еть gehören zur
e-Konjugation. Zur i-Konjugation zählen Verben
auf -ить sowie einige auf -еть und -ать.

KB 1, 4

GR 8.1

Infinitiv	e-Konjugation зна-ть	i-Konjugation говор-и́-ть
я	зна́-ю	говор-ю́
ты	зна́-ешь	говор-и́шь
он / она́	зна́-ет	говор-и́т
мы	зна́-ем	говор-и́м
вы	зна́-ете	говор-и́те
они́	зна́-ют	говор-я́т

Satzbau: Stellung des Adverbs

GR 12.3

Objektloser Satz: Adverb meist <u>nach</u> dem Verb: Она́ говори́т **бы́стро**.
Neutraler Aussage- und Fragesatz mit Objekt oder Adverbialbestimmung: Adverb meist <u>vor</u> dem Verb:

KB 4

Я **хорошо́** зна́ю ру́сский язы́к. / Он **хорошо́** говори́т по-неме́цки?

Satzbau: Verneinung

GR 12.3

KB 1, 4,
5, 6

Die Partikel не steht immer vor dem zu verneinenden Satzglied.
Я **не** чита́ю. Мы у́чим **не** то́лько грамма́тику. Э́то **не** пельме́ни.

Rechtschreibung und Aussprache
у und а nach Zischlauten

GR 2

Nach ж, ч, ш, щ und ц stehen nie ю oder я, sondern у bzw. а, z. B. я учу́ – они́ у́**ч**ат.

Endbetonte Adjektive

GR 1.3

Männliche Adjektive auf -ой → in allen Formen (Geschlecht, Zahl und Fälle) endbetont:
большо́й, больша́я, большо́е

Wortbindung

GR 1.4

Wörter werden oft zusammengezogen und wie ein Wort gesprochen.
Die Präpositionen sind dann meist unbetont.
о литерату́ре   о ко́м   о чём   у меня́   от Андре́я

тридцать де́вять **39**

Свобо́дное вре́мя

über Freizeitbeschäftigungen sprechen • sagen, ob man etwas gern / regelmäßig macht • eine Meinung zu Tätigkeiten äußern • Uhrzeit und Wochentage angeben • Handlungen in der Vergangenheit benennen

1 Я люблю́ игра́ть в те́ннис.

люби́ть	
я	люблю́
ты	лю́бишь
...	
они́	лю́бят

a Подбери́те выраже́ния. Ordnen Sie zu und beschreiben Sie, ob die Personen etwas gern oder nicht gern tun.

гуля́ть в па́рке ∎ пла́вать в бассе́йне ∎ игра́ть в те́ннис ∎
ходи́ть в кино́ ∎ смотре́ть телеви́зор ∎ гото́вить

Вади́м　Никола́й　Еле́на　Мари́я　Ната́лья　Его́р

_____ _____ _____ _____ _____ _____

б Прослу́шайте диало́г. Hören Sie und variieren Sie den Dialog.

21

- Са́ша, ты то́же лю́бишь игра́ть в футбо́л?
- В футбо́л? Нет, я футбо́л не люблю́.
- А что ты лю́бишь де́лать?
- Я люблю́ игра́ть на гита́ре.

в хокке́й ∎ в волейбо́л ∎
в баскетбо́л ∎ в гандбо́л

на саксофо́не ∎ на фле́йте ∎
на пиани́но

в Сформули́руйте предложе́ния. Bilden Sie Sätze.

я		лю́бим	спорт
оте́ц	не	лю́бят	моя́ ма́ма
Ма́ша	не о́чень	люблю́	игра́ть на гита́ре
И́горь и Та́ня	о́чень	лю́бит	мой брат
мы		лю́бите	Москва́

AB 1-5

2 Куда́ вы идёте?

gehen	
идти́	ходи́ть
я иду́	я хожу́
ты идёшь	ты хо́дишь
...	...
они́ иду́т	они́ хо́дят
→ zielgerichtete Bewegung, verläuft im Augenblick der Betrachtung	→ nicht zielgerichtete Bewegung / wiederholter Ablauf

a Прочита́йте. Lesen Sie und überlegen Sie, warum идти́ bzw. ходи́ть verwendet wird.

- Здра́вствуйте! Куда́ Вы идёте?
- В парк. А вы?
- Я иду́ на конце́рт. А вы ча́сто хо́дите в парк?
- Да. Я о́чень люблю́ гуля́ть.

40　со́рок

б Напиши́те слова́. Notieren Sie die Wörter sortiert nach Veranstaltungsort und -art. Variieren Sie das Gespräch in 2a.

бассе́йн ▪ цирк ▪ стадио́н ▪ дискоте́ка ▪ фи́тнес-це́нтр ▪ аэро́бика ▪ вы́ставка ▪ галере́я ▪ зоопа́рк ▪ клуб ▪ кинотеа́тр

в / на → Akkusativ (Куда́? Wohin?)
Veranstaltungsort → **в: в** парк
Veranstaltung → **на: на** дискоте́ку

! **на** стадио́н

в Вста́вьте: идти́ и́ли ходи́ть? Setzen Sie ein: идти́ oder ходи́ть?

1. Приве́т! Куда́ вы _____?

2. Мы ча́сто _____ в бассе́йн.

3. Нет, мы _____ не в теа́тр, а на конце́рт.

4. Они́ лю́бят _____ в парк.

5. Ты куда́ _____, домо́й?

6. Вы иногда́ _____ на дискоте́ку?

AB 6-10

---

3 Интере́сно!

а Нарису́йте сма́йлики. Kennzeichnen Sie die Ausdrücke mit Smileys (positiv und negativ).

Здо́рово!   Класс!   Интере́сно!   Ну и что?   Как ску́чно!   У́жас!

б Прослу́шайте разгово́р. Hören Sie und kreuzen Sie die Interessen an.

	То́ля	же́нщина	мужчи́на
игра́ть в те́ннис	☐	☐	☐
пла́вать	☐	☐	☐

22

в Прочита́йте диало́г. Lesen Sie das Gespräch. Ersetzen Sie die Meinungsäußerungen durch andere, ohne die Grundaussage des Gesprächs zu verändern.

- ▪ Ты зна́ешь, что То́ля игра́ет в те́ннис?
- ● Зна́ю. Ну и что?
- ▪ Ты те́ннис не лю́бишь?
- ● Нет.

- ▪ А что ты лю́бишь?
- ● Пла́вать.
- ▪ Пла́вать? Здо́рово! Я э́то то́же люблю́.

AB 11

---

4 Что вы де́лаете в свобо́дное вре́мя?

23

а Прослу́шайте разгово́р. Hören Sie und kreuzen Sie an, um was es sich handelt.

Э́то ☐1 репорта́ж об Олимпиа́де ☐2 репорта́ж о спортсме́нке ☐3 интервью́ на те́му «Спорт».

б Прослу́шайте ещё раз! Hören Sie und verbinden Sie.

А́нна   „Sesselsportler(in)"

же́нщина   „Freiluftsportler(in)"

мужчи́на   aktive(r) Sportler(in)

со́рок оди́н **41**

в Прослу́шайте ещё раз. Hören Sie erneut und ergänzen Sie die Lücken.

- ■ Вы слу́шаете ра́дио Эфи́р. На́ша те́ма сего́дня – «Спорт». В сту́дии у нас спортсме́нка А́нна Ивано́ва. Добро́ пожа́ловать, А́нна!
- ● Здра́вствуйте!
- ■ А́нна, вы _____ (1), я ваш боле́льщик. Вы кла́ссно игра́ете в волейбо́л!
- ● Спаси́бо.
- ■ А что вы де́лаете в свобо́дное вре́мя?
- ● Я _____ (2) чита́ть совреме́нную литерату́ру. И я о́чень люблю́ гото́вить.
- ■ Гото́вить? Интере́сно! А́нна, а что вы ду́маете о спо́рте в Росси́и?
- ● В Росси́и? У нас сейча́с о́чень популя́рно ходи́ть в фи́тнес-це́нтр, игра́ть в бадминто́н и те́ннис.
- ■ Ну, а что ду́мают лю́ди на у́лице? _____ (3) Алёну, на́шего репортёра.
- ◆ Здра́вствуйте. Э́то ра́дио Эфи́р. Скажи́те, пожа́луйста, что вы ду́маете о спо́рте?
- ▲ Я спорт люблю́. Я ча́сто _____ (4) насто́льный те́ннис, лёгкую атле́тику и бокс. Э́то всегда́ здо́рово.
- ◆ А вы иногда́ _____ (5) в бассе́йн пла́вать и́ли игра́ете в волейбо́л?
- ▲ Нет – и́ли о́чень ре́дко.
- ◆ А вы зна́ете А́нну Ивано́ву?
- ▲ Спортсме́нку? _____ (6).
- ◆ А Никола́я Валу́ева, на́шего боксёра?
- ▲ Коне́чно, его́ то́же зна́ю.
- ◆ Спаси́бо. Здра́вствуйте. Э́то ра́дио Эфи́р. Скажи́те, пожа́луйста, вы в свобо́дное вре́мя хо́дите в фи́тнес-клу́б?
- ● В фи́тнес-клу́б? Нет. Я регуля́рно гуля́ю у нас в па́рке и люблю́ пла́вать в мо́ре.
- ◆ Спаси́бо.
- ■ Алёна, большо́е спаси́бо. Пока́.
- ◆ Пока́.

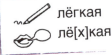
лёгкая
лё[х]кая

 г Прочита́йте вопро́сы. Lesen Sie die Fragen und beantworten Sie sie zu zweit.

1. Что лю́бит чита́ть А́нна?
2. Мужчи́на зна́ет ру́сского боксёра Никола́я Валу́ева?
3. Что же́нщина лю́бит де́лать в свобо́дное вре́мя?

Akkusativ Singular der Adjektive

	m unbelebt	*m* belebt	*n*	*f*
Nominativ	-ый, -ий, -ой	-ый, -ий, -ой	-ое	-ая
Akkusativ	= Nom.	-его / -ого	= Nom.	-ую
наприме́р	смотре́ть насто́льный те́ннис	знать ру́сского спортсме́на	в свобо́дное вре́мя	чита́ть совреме́нную литерату́ру

 д Вы́берите три заня́тия. Wählen Sie drei Tätigkeiten aus, die Sie gern machen, und notieren Sie sie auf ein Kärtchen. Fragen Sie dann andere im Kurs, was sie tun.

чита́ть ▎ слу́шать ▎ смотре́ть ▎ игра́ть в

класси́ческая му́зыка ▎ лёгкая атле́тика ▎ ста́рый фильм ▎ хоро́шая кни́га ▎ насто́льный те́ннис ▎ но́вая аудиокни́га ▎ интере́сный репорта́ж

AB 12-14

Что ты де́лаешь / вы де́лаете?
Я (то́же) ...

5 Вы часто смотрите телевизор?

a Напишите, как говорят по-русски. Notieren Sie, wie Sie sagen, dass Sie …

1. … in der Freizeit manchmal schwimmen gehen.
2. … regelmäßig spazieren gehen.
3. … oft in den Fitness-Klub gehen.
4. … selten fernsehen.
5. … zu Hause immer Musik hören.

б Спросите друг друга. Fragen Sie sich gegenseitig, was die Personen machen und ergänzen Sie die Übersicht. Sie arbeiten mit dieser Seite, Ihr Partner mit Seite 72.

Кто что	…… любит ……………………………	или …не любит.
Лёна + Ира	_____	_____
Таня	готовить (часто)	ходить в фитнес-клуб
ты	_____	_____
Игорь	ходить на дискотеку (иногда)	классическая музыка (редко)

Она любит …?   А что она не любит делать?   Он / она часто …?
Да, … / Нет, она …   Не знаю.   Он не ходит …

в Разработайте анкету. Erstellen Sie einen Fragebogen für ein Interview und befragen Sie eine Person im Kurs. Präsentieren Sie die Ergebnisse.

AB 15

6 Который час?

a Прослушайте диалоги. Hören Sie und notieren Sie die Gesprächsnummern.

б Прочитайте разговоры. Lesen Sie die Gespräche und ergänzen Sie.

1.
- ■ Скажите, пожалуйста, который час?
- ● Сейчас семнадцать часов тридцать минут.
- ■ Спасибо.

2.
- ▲ Таня, сколько сейчас времени?
- ◆ Восемнадцать тридцать.
- ▲ А во сколько программа «Вести»?
- ◆ В двадцать часов.

Frage nach der Uhrzeit:	_____?
	Сколько сейчас времени?
Angabe einer Uhrzeit:	Семнадцать часов.
Frage nach einem Zeitpunkt:	_____?
Angabe eines Zeitpunkts:	_____ двадцать часов.

часа́, часо́в
ч[и]са́, ч[и]со́в

 в Измените диалог. Variieren Sie Dialog 1 aus 6б.

14 ч. 40 мин. ▪ 07 ч. 03 мин. ▪
22 ч. 12 мин. ▪ 21 ч. 50 мин.

1 час	21 час
2, 3, 4 часа́	22, 23, 24 часа́
5 - 20 часо́в	25 – 30 часо́в
1 мину́та	21 мину́та
2, 3, 4 мину́ты	22, 23, 24 мину́ты
5 - 20 мину́т	25 – 30 мину́т …

сорок три   43

г Разыгра́йте аналоги́чный диало́г. Führen Sie ein ähnliches Gespräch wie Dialog 2 in 6б. Die anderen Teilnehmer notieren die von Ihnen genannten Uhrzeiten.

> програ́мма «Говори́м по-ру́сски» ∎ мультфи́льм «Ну, погоди́!» ∎
> телесериа́л «Ма́стер и Маргари́та» ∎ репорта́ж «Профе́ссия – репортёр»

д Прочита́йте предложе́ния. Lesen Sie die Sätze. Welche deutsche Übersetzung passt zu den markierten Wörtern? Verbinden Sie.

1. Сейча́с 17 часо́в.
2. Татья́на уже́ два часа́ гото́вит.
3. У вас есть часы́?
4. Бори́с уже́ почти́ час чита́ет газе́ту.
5. В четы́ре часа́ я смотрю́ фильм.

а Uhr (Zeit)
б Stunde
в (eine) Uhr

AB 16-19

7 Что вы де́лаете в понеде́льник?

а Ваш преподава́тель чита́ет дни неде́ли. Ihr Kursleiter liest die Wochentage vor. Tragen Sie die Betonungszeichen ein.

понедельник	вторник	среда	четверг	пятница	суббота	воскресенье

б Напиши́те на ка́рточках дни неде́ли. Notieren Sie die Wochentage auf Kärtchen, mischen Sie diese und legen Sie sie umgedreht auf einen Stapel. Der erste Teilnehmer deckt ein Kärtchen auf, liest den Tag vor. Sein Nachbar nennt den Tag, der davor liegt, und den, der folgt. Dann ist der nächste an der Reihe.

в Запиши́те в календа́рь, куда́ вы идёте. Tragen Sie im Kalender von 7a ein, was Sie nächste Woche vorhaben. Berichten Sie und fragen Sie andere im Kurs.

> кино́ ∎ джаз-клу́б ∎ фи́тнес-це́нтр ∎ музе́й ∎ цирк ∎ наро́дный университе́т

> **Angabe eines Tages → Akkusativ**
> в понеде́льник / четве́рг / воскресе́нье
> в**о** вто́рник
> в сре́д**у** / пя́тниц**у** / суббо́т**у**

В понеде́льник я иду́ в кино́. А ты / вы?
Я иду́ в …

AB 20-21

8 Мы бы́ли в кино́.

а Прослу́шайте диало́г. Hören Sie und notieren Sie auf Deutsch drei Stichpunkte, worum es geht.

б Прослу́шайте ещё раз. Hören Sie erneut und kreuzen Sie an, was genannt wird.

① цирк ② парк ③ кино́ ④ кафе́ ⑤ библиоте́ка ⑥ премье́ра

44 со́рок четы́ре

в Прослу́шайте и прочита́йте. Hören Sie, lesen Sie mit und ergänzen Sie.

■ Приве́т, Бори́с!
● Приве́т, Та́ня! Ты отку́да?
■ Из кино́. Я была́ на премье́ре фи́льма «Куку́шка». Про́сто класс!
● Зна́чит, э́то хоро́ший фильм?
■ Да, о́чень.
● Я неда́вно то́же был в кино́.
■ Когда́?

Präteritum von быть

Subjekt *m:*	я / ты / он _____
Subjekt *f:*	я / ты / она́ _____
Subjekt *n:*	оно́ _____
Subjekt im Plural:	мы / вы / они́ _би́ли_

● В суббо́ту.
■ А что ты смотре́л?
● «Иро́нию судьбы́ 2».
■ Ну и как, бы́ло интере́сно?
● Про́сто у́жас!
■ Да? А я ду́мала, что э́то хоро́шая коме́дия, как и оригина́л «Иро́ния судьбы́».
● Нет, э́то совсе́м не смешно́.
■ Жа́лко.
● Да. А ты сейча́с куда́ идёшь?
■ Домо́й.
● А я в библиоте́ку. Ну, пока́.
■ Пока́.

г Прочита́йте разгово́р. Lesen Sie das Gespräch erneut und beantworten Sie die Fragen.

1. Кто был на премье́ре фи́льма? _____

2. Когда́ Бори́с был в кино́? _____

3. Кто уже́ смотре́л фильм «Иро́ния судьбы́ 2»? _____

4. Кто смотре́л фильм «Куку́шка»? _____

д Разыгра́йте разгово́р. Spielen Sie das Gespräch. Variieren Sie es dabei so, dass sich Personen unterhalten, die sich siezen.

AB 22-25

9 А что ты де́лал в Москве́?

Продо́лжите телефо́нный разгово́р. Setzen Sie das Telefongespräch fort. Nutzen Sie die Tagebuchnotizen. Erfragen Sie, wie die Aktivitäten waren, und berichten Sie von Ihren eigenen Aktivitäten.

■ Алло́! Вас слу́шают.
● Э́то ты, Ле́на? Э́то Пётр говори́т.
■ А, Пётр! Приве́т! Как дела́?
● Отли́чно. А ты зна́ешь – я был в Москве́!
■ В Москве́? Что ты там де́лал?
● …
   А ты была́ до́ма?
■ …

AB 26-30

четверг: Третьяковская галерея; 3 ч. в ГУМе

пятница: Музей истории Москвы; в 21 ч. концерт в клубе «Б1»

суббота: Кремль; в 20 ч. балет «Спартак»

воскресенье: 2 ч. теннис в Парке культуры

со́рок пять **45**

5

Любопытно знать

а Посмотри́те фотогра́фии и прочита́йте те́ксты. Betrachten Sie die Fotos und lesen Sie die Texte. Ordnen Sie zu. Zu welchem Text gibt es kein Foto?

А ___

1 В театра́льном фестива́ле для дете́й принима́ют уча́стие* италья́нские теа́тры из Па́рмы, Мила́на, Ри́ма и росси́йские теа́тры из Сара́това, Ни́жнего Но́вгорода и Москвы́.

3 Здесь выступа́ют* отли́чные соли́сты, симфони́ческие орке́стры, хоры́, фолькло́рные коллекти́вы. В за́ле прохо́дят* фестива́ли и вечера́* бале́та.

Б ___

2 Клуб «Б1 Maximum» – о́чень популя́рный клуб Москвы́. Здесь игра́ют не то́лько ру́сскую, но и* европе́йскую рок-му́зыку и джаз. В клу́бе есть сце́на* и танцева́льный зал, рестора́н и бар.

4 Э́та програ́мма – путеше́ствие* в ру́сскую исто́рию. Э́то си́нтез фолькло́рного та́нца, класси́ческого бале́та, театра́льной драматурги́и и элеме́нтов шоу-би́знеса.

В ___

* вечера́ – Abende; выступа́ть – auftreten; и – auch; принима́ть уча́стие – teilnehmen; проходи́ть – stattfinden; путеше́ствие – Reise; сце́на – Bühne

б Куда́ вы пойдёте, е́сли ... Wohin gehen Sie, wenn ...
Geben Sie die Nummer und ein Stichwort an (в / на ...).

1. ... вы лю́бите класси́ческую му́зыку? ___
2. ... вы лю́бите ходи́ть на бале́т? ___
3. ... лю́бите совреме́нную му́зыку? ___
4. ... сын и́ли до́чка лю́бит де́тский теа́тр? ___

Я уже́ уме́ю ... Ich kann schon ...

	👤	👥	Übung
• Freizeitbeschäftigungen benennen.			→ 1, 4
• äußern, was oder wen ich mag / nicht mag.			→ 1
• sagen und fragen, wohin jemand geht.			→ 2
• eine Meinung äußern und erfragen.			→ 3
• die Häufigkeit von Handlungen ausdrücken.			→ 4, 5
• Zeitangaben machen.			→ 6
• Wochentage angeben.			→ 7
• Handlungen in der Vergangenheit benennen.			→ 8, 9

46   со́рок шесть

Резюмé

Adjektive: Akkusativ Singular

GR 5.1

				nach Zischlaut, Endung unbetont		
	m	*f*	*n*	*m*	*f*	*n*
Endung Nom. Akk.	-ый, -ий, -ой ста́рый Nom.*/ ста́рого	-ая ста́рая ста́рую	-ое ста́рое ста́рое	-ий хоро́ший Nom.*/ хоро́шего	-ая хоро́шая хоро́шую	-ее хоро́шее хоро́шее

* Die maskulinen Formen vor unbelebten Substantiven entsprechen dem Nominativ.

KB 4   Я зна́ю ру́сск**ий** язы́к. – Я зна́ю ру́сск**ого** а́втор**а**.

Präpositionen: в und на bei Orts-, Richtungs- und Zeitangaben

GR 7

Ortsangabe mit в und на + Präpositiv (где?)
Я **на** рабо́те / **в** теа́тре / **на** дискоте́ке / **в** клу́бе / **на** конце́рте / **в** па́рке.

Richtungsangabe mit „в" und „на" + Akkusativ (куда́?)
Я иду́ на рабо́ту / **в** теа́тр / **на** дискоте́ку / **в** клуб / **на** конце́рт / **в** парк.

In der Regel geht (ist) man in (в) Veranstaltungsorte(n), aber auf (на) Veranstaltungen.

KB 2   **!** Я иду́ **на** стадио́н. Я **на** стадио́не.

Zeitangabe mit в + Akkusativ (когда́?)
Angabe eines Zeitpunkts: в час, в три часа́
Angabe eines Tages: в понеде́льник, во вто́рник, в сре́ду, в воскресе́нье
KB 6, 7   Angabe einer Zeitspanne: в свобо́дное вре́мя

Verben der Bewegung: идти́ und ходи́ть

GR 8.4

Verben der Bewegung: 18 Verbpaare, die verschiedene Arten von Fortbewegung ausdrücken.
Es ist empfehlenswert, diese Verben paarweise zu lernen.
Konzentrieren Sie sich zunächst auf идти́ / ходи́ть *(gehen, kommen)* und dabei auf Folgendes:

a   Die Bewegung ist zum Zeitpunkt der Betrachtung zielgerichtet. Signalwort: сейча́с → идти́.
b   Die Bewegung ist nicht zielgerichtet. Es wird also ausgedrückt, dass die Bewegung „hin und her",
    „kreuz und quer" oder „hin und zurück" stattfindet. Eine Wiederholung oder eine generelle Aussage
    impliziert meistens, dass die Bewegung nicht zielgerichtet ist. Signalwörter: z. B. ча́сто oft,
    ре́дко selten, иногда́ manchmal bzw. люби́ть → ходи́ть.

gehen / kommen	
a) zielgerichtete Bewegung: **идти́**	b) nicht zielgerichtete Bewegung: **ходи́ть**
Я (сейча́с) иду́ в теа́тр. Ich gehe (jetzt) ins Theater. Вы отку́да идёте? Woher kommen Sie?	Он ча́сто хо́дит в теа́тр. Er geht oft ins Theater. В кино́ я давно́ уже́ не хожу́. Ich gehe schon lange nicht mehr ins Kino. Я люблю́ ходи́ть в теа́тр. Ich gehe gern ins Theater.

KB 2

Verben: Präteritum

GR 8.5

Die Infinitiv-Endung -ть wird durch die Endungen -л (m), -ла (f), -ло (n), -ли (Plural) ersetzt.
Я ру́сский, но я мно́го чита́л о Берли́не. Я не́мка, но я три го́да жила́ в Москве́.
Э́то бы́ло интере́сно. Вы зна́ли, что он в Москве́?
KB 8, 9   **!** идти́: он шёл, она́ шла, оно́ шло, они́ шли

Rechtschreibung und Aussprache:

1. Unbetontes а nach ч und щ (vor betonter Silbe): stark reduziert, kurzer i-ähnlicher Laut: часа́ - ч[и]са́
2. Häufung von Konsonanten am Wortanfang → davor stehende Präposition oft + -о: в**о** ско́лко,
   в**о** вто́рник. Dieses -о wird, da unbetont, reduziert als kurzes [a] gesprochen.

со́рок семь   **47**

6 Профе́ссия и ме́сто рабо́ты

über frühere und gegenwärtige Berufe, Tätigkeiten und Arbeitsstellen sprechen • die Art und Weise von Handlungen angeben • Telefongespräche führen • ein Interview in einer Zeitung lesen • die Abfolge und die Dauer einer Handlung angeben

1 Я продаве́ц.

 а Прослу́шайте и допо́лните. Hören und ergänzen Sie.

врач ▍ продаве́ц ▍ продавщи́ца ▍ учи́тель ▍ учи́тельница ▍ медсестра́

магази́н   шко́ла   больни́ца

ФИО ____ + Еле́на   Ири́на   ____ ,
магази́н «Сувени́ры»

про- больни́ца ____ ,   В́ологда
фе́ссия № ____ шко́ла № ____

го́род Москва́ Москва́

б Прослу́шайте ещё раз. Hören Sie noch einmal und achten Sie auf die Aussagen der Personen zu ihrer Arbeit. Stellen Sie die Personen vor.

AB 1-2

2 Она́ рабо́тает в институ́те.

 а Предста́вьте э́тих лиц. Stellen Sie die Personen vor. Sie arbeiten mit dieser Seite, Ihr Partner mit S. 72. Notieren Sie Stichworte.

 1 Ната́лья Ави́лова перево́дчица бюро́ перево́дов «Но́рма» Москва́

 2 Влади́мир Кура́гин экономи́ст фи́рма «Автосе́рвис» Калинингра́д

 3 Ю́рий

 4 Еле́на

б Предста́вьтесь друг дру́гу. Stellen Sie sich gegenseitig vor. Präsentieren Sie Ihren Partner.

AB 3

студе́нт – студе́нтка ▍ пенсионе́р – пенсионе́рка ▍
официа́нт – официа́нтка ▍ домохозя́йка ▍ секрета́рь ▍
адвока́т ▍ бухга́лтер ▍ библиоте́карь ▍ архите́ктор

48 со́рок во́семь

3 Кем вы работаете?

a Прочитайте разговоры. Lesen Sie die Gespräche. Unterstreichen Sie die Formen des Instrumentals und ergänzen Sie in der Übersicht die Endungen sowie je ein Beispiel.

1. ■ Кем вы работаете?
   ● Я работаю менеджером ресторана. А раньше я была официанткой.

2. ▲ Моя мать уже пенсионерка.
   ◆ А кем она раньше работала?
   ▲ Она была секретарём.

3. ● Кто вы по профессии?
   ● Журналист, но я теперь работаю преподавателем Института журналистики.

4. ◆ Вы студентка?
   ■ Да, но скоро я буду учительницей.

Instrumental Singular der Substantive

	m		n		f / m
Nom.	–	-ь	-й	-о	-а	-я
Endung Instr.	____	____	-ем	-ом	____	-ей
например	____	____	музеем	пивом	____	Катей

Unbetonte Endung: Nach Zischlaut -е statt -о: учительницей

б Придумайте карьеру. Denken Sie sich für drei Personen eine interessante berufliche Laufbahn aus und stellen Sie sie im Plenum vor. Fragen Sie sich dann gegenseitig nach Ihrer eigenen beruflichen Entwicklung.

	быть
я	буду
ты	будешь
...	
они	будут

Präsens: Я инженер.
Präteritum: Я был инженером.
Futur: Я буду инженером.

имя	раньше	теперь	скоро
1. _____	_____	_____	_____
2. _____	_____	_____	_____
3. _____	_____	_____	_____

Я сейчас без работы.

в Напишите на карточках профессии и места работы. Notieren Sie auf zwei Sorten von Kärtchen Berufe und Arbeitsorte und legen Sie diese verdeckt auf zwei Stapel. Zwei Mitspieler ziehen von jedem Stapel eine Karte und spielen kurze Minidialoge wie in 3a.

офис   завод   фабрика

AB 4-7

4 С кем вы говорили?

a Прослушайте разговор. Hören Sie das Gespräch und kreuzen Sie die passende Abbildung an.

б Прослу́шайте ещё раз и прочита́йте. Hören Sie noch einmal und lesen Sie mit. Unterstreichen Sie die Wortgruppen, in denen der Instrumental vorkommt.

- ● Здра́вствуй...! Алексе́й – э́то ты?
- ■ Алекса́ндр? Приве́т! Вот э́то сюрпри́з! Как ты?
- ● Хорошо́, а ты?
- ■ У меня́ то́же всё хорошо́.
- ● Алексе́й, э́то твоё ме́сто?
- ■ Да.
- ● Зна́чит, вот э́то моё. А ты то́же был в Во́логде?
- ■ Да. Я был на конфере́нции «Библиоте́ка и Интерне́т».
- ● Ра́зве ты библиоте́карь?
- ■ Нет, нет. Я журнали́ст. Я пишу́ репорта́ж для газе́ты.
- ● Репорта́ж о конфере́нции? И не ску́чно?
- ■ Ты зна́ешь, я не ду́мал, что э́то така́я интере́сная те́ма. Вот програ́мма конфере́нции. Вчера́ мы с колле́гой говори́ли с организа́тором и с дире́ктором библиоте́ки. Дире́ктор пока́зывал нам компью́терный зал и расска́зывал, как они́ рабо́тают с Интерне́том. А сего́дня мы слу́шали рефера́т библиоте́каря из Герма́нии на те́му «Кни́га в Интерне́те». В переры́ве у нас с ней был о́чень интере́сный разгово́р. А ты кем рабо́таешь? Где живёшь?
- ● Мы с жено́й живём в Ту́ле, рабо́таем на заво́де. Жена́ – бухга́лтером, а я инжене́ром. Кста́ти, ты зна́ешь мою́ жену́. Она́ с тобо́й ра́ньше игра́ла в насто́льный те́ннис.
- ■ Да? Э́то случа́йно не И́ра Ле́бедева?
- ● Она́.
- ■ Извини́! Алло́ Ка́тя!

Мы с Ири́ной ...
Irina und ich ...

компью́тер	→	компью́терный
газе́та	→	газе́тный
футбо́л	→	футбо́льный

(с) кем / (с) чем?
Instrumental der Personalpronomen

Nom.	я	ты	он	она́	оно́	мы	вы	они́
Instr. (с)	(со) мной	тобо́й	(н)им	(н)ей	(н)им	на́ми	ва́ми	(н)и́ми

в Прочита́йте разгово́р ещё раз. Lesen Sie das Gespräch noch einmal. Notieren Sie, mit wem der Journalist gesprochen hat, und kreuzen Sie an, ob diese Personen Frauen oder Männer sind. Begründen Sie.

Он говори́л с …	же́нщина	мужчи́на	не зна́ю
1. … _____	☐	☐	☐
2. … _____	☐	☐	☐
3. … _____	☐	☐	☐

г Измени́те диало́г 4б. Variieren Sie das Gespräch in 4б. Vergleichen Sie dann im Plenum.

д Приду́майте продолже́ние разгово́ра в по́езде. Denken Sie sich aus, wie das Gespräch im Zug weitergehen könnte.

AB 8-12

50 пятьдеся́т

5 Что вы умéете?

a Прочитáйте тéксты. Lesen Sie die Texte und ergänzen Sie.

Лéна секретáрь.

Вúктор журналúст.

A Я по профéссии _____, рабóтаю в газéте. Я дýмаю, что профессионáльный _____, конéчно, дóлжен писáть прáвду. Но он дóлжен умéть интерéсно и прáвильно писáть, понятно говорúть. Это нелегкó.

B Я рабóтаю _____ на фúрме. Я дýмаю, что хорóший _____ дóлжен отлúчно знать язык, умéть прáвильно писáть, рабóтать с оргтéхникой, напримéр, с компьютером, телефóном, фáксом и ксéроксом. Это óчень интерéсная, но и трýдная рабóта.

б Прочитáйте ещё раз. Lesen Sie noch einmal. Notieren Sie, was man in den beiden Berufen können sollte.

Журналúст дóлжен умéть …
Секретáрь дóлжен умéть …

Subjekt *m*:	я / ты / он дóлжен
Subjekt *f*:	я / ты / онá должнá
Subjekt *n* / unpersönlich:	(онó) должнó
Subjekt im Plural:	мы / вы / онú должны

в Подчеркнúте словосочетáния. Unterstreichen Sie in den Texten mit unterschiedlichen Farben Wortgruppen mit Adjektiven bzw. Adverbien der Art und Weise. Übertragen Sie die Tabelle in Ihr Heft und ergänzen Sie Beispiele. Beantworten Sie dann die Fragen.

Adjektiv какóй / какáя / какóе?	Adverb как?
хорóший секретáрь	хорошó

Какóй он журналúст?
Какáя у неё рабóта?
Какóе это кафé?

г Дополните. Ergänzen Sie passende Adjektive oder Adverbien.

1. Он … знáет математику.
2. Он … специалúст.
3. Онá … продавщúца.
4. В кинó? Это … идéя!
5. Онú всегдá знáют … отвéт на вопрóс.
6. Это … задáча, ты так не думáешь?
7. У неё … проблéма с оргтéхникой.
8. Áвтор … пúшет о кинофестивáле.

6 Людмúлу Петрóвну мóжно?

а Прослýшайте разговóры по телефóну. Hören Sie die Telefongespräche. Notieren Sie, auf welches Gespräch die Aussagen zutreffen.

Der Anrufer …
1. … wird weiter verbunden. ___
2. … hinterlässt eine Nachricht. ___
3. … benötigt eine Telefonnummer. ___

пятьдесят один 51

б Прослу́шайте ещё раз и запо́лните пробе́лы. Hören Sie erneut und ergänzen Sie.

1.

■ Алло́ Ка́тя!
● Приве́т! У тебя́ есть телефо́н библиоте́каря из Герма́нии?
■ У ты? Есть.
● Дай мне, пожа́луйста.
■ Одну́ мину́тку. Вот.
  _____. (1)
● Спаси́бо.

2.

▲ Алло́!
◆ Здра́вствуйте! Это фи́рма «Каре́лия Тур»?
▲ Да.
◆ Мо́жно господи́на Ивано́ва?
▲ Его́ нет.
◆ А когда́ он бу́дет?
▲ За́втра. В _____. (2)
◆ Жа́лко. Переда́йте ему́, пожа́-луйста, приве́т от Кла́уса Ви́нтера.
▲ Повтори́те, пожа́луйста! Как Вас зову́т?
◆ Кла́ус Ви́нтер.
▲ Спаси́бо.
◆ До свида́ния.
▲ До свида́ния.

3.

▲ Алло́!
◆ Здра́вствуйте! Вам звони́т дире́ктор фи́рмы «Интегра́л». Людми́лу Петро́вну, пожа́луйста.
▲ Одну́ мину́тку.
◆ Спаси́бо.
  ...
■ Алло́!
◆ Людми́ла Петро́вна?
■ Я слу́шаю.
◆ Здра́вствуйте! Как ва́ши дела́?
■ Извини́те, а с кем я говорю́?
◆ Это Бори́с Миха́йлович.
■ А, Бори́с Миха́йлович. Спаси́бо, у меня́ всё хорошо́. А у вас?
◆ То́же хорошо́. Людми́ла Петро́вна, скажи́те, пожа́луйста, вы за́втра бу́дете на вы́ставке?
■ Бу́ду.
◆ А во ско́лько?
■ В _____. (3) Почему́ вы спра́шиваете?
◆ Я хочу́ предста́вить вам колле́гу из Швейца́рии.
■ О, хорошо́.
◆ Тогда́ до за́втра.
■ До свида́ния. До за́втра.

хоте́ть	
я	хочу́
ты	хо́чешь
он	хо́чет
мы	хоти́м
вы	хоти́те
они́	хотя́т

в Напиши́те, как говоря́т по-ру́сски. Notieren Sie, wie Sie sagen, dass ...

1. ... Sie Katharina sprechen möchten.
2. ... Sie selbst am Apparat sind.
3. ... er / sie nicht da ist.
4. ... Sie ihm / ihr einen Gruß ausrichten lassen.
5. ... Sie nicht wissen, wer gerade anruft.
6. ... Sie eine Telefonnummer erbitten.
7. ... Sie sich bis morgen verabschieden.
8. ... der Gesprächspartner bitte noch einmal wiederholen möchte.
9. ... Sie einen Kollegen / eine Kollegin vorstellen möchten.

г Измени́те диало́г. Variieren Sie das 2. Gespräch: eine Frau wird am Telefon verlangt.

д Подбери́те отве́ты к вопро́сам. Ordnen Sie den Fragen die richtigen Antworten zu.

1. Когда́ она́ бу́дет?
2. Во ско́лько он бу́дет?
3. С кем я говорю́?
4. Кто звони́л?
5. Господи́н Шварц?

а Госпожа́ Францл из А́встрии.
б Я слу́шаю.
в С ме́неджером кафе́ «Ро́за».
г В 13.30.
д Она́ бу́дет то́лько в понеде́льник.

АВ 19-22

52 пятьдеся́т два

7 Я то́же хочу́ быть музыка́нтом.

a Прочита́йте статью́ из газе́ты. Lesen Sie: In welchem Absatz geht es um was?

_____ Eindrücke des Journalisten   _____ musikalische Entwicklung Iwans

_____ Musikalität der Familie   _____ Auslöser für den Entschluss, Musiker zu werden

Музыка́льный бар

Неда́вно я ходи́л в Музыка́льный бар Ива́на Смирно́ва. Я был в восто́рге от атмосфе́ры! Кака́я му́зыка, кака́я пу́блика! Я говори́л с ме́неджером ба́ра, саксофони́стом Ива́ном Смирно́вым. **1**

– Ива́н Влади́мирович, отку́да у вас э́та иде́я?
– Вы зна́ете, я всегда́ люби́л му́зыку. У нас о́чень музыка́льная семья́ – мать и оте́ц отли́чно игра́ют на пиани́но. А мы с бра́том игра́ли на гита́ре. **2**

– Но вы снача́ла не рабо́тали музыка́нтом?
– Нет, по́сле шко́лы я поступи́л в те́хникум, пото́м рабо́тал официа́нтом. А в ба́ре рестора́на ка́ждое воскресе́нье выступа́ла с конце́ртом джаз-гру́ппа. В гру́ппе была́ де́вушка. Она́ про́сто **3**

чуде́сно игра́ла на саксофо́не. Я стоя́л и слу́шал ка́ждое выступле́ние. Я хоте́л быть музыка́нтом, вме́сте с ней игра́ть на саксофо́не, вме́сте выступа́ть. Одна́жды по́сле конце́рта я с ней до́лго разгова́ривал. **4**

– А что бы́ло пото́м?
– Сего́дня э́та де́вушка моя́ жена́, но э́то друга́я исто́рия. Снача́ла Ле́на учи́ла меня́ игра́ть на саксофо́не, а пото́м я поступи́л в консервато́рию. Э́то бы́ло тру́дное вре́мя – учёба и ещё рабо́та официа́нтом. Но я люби́л мою́ рабо́ту, и я люби́л му́зыку. Поэ́тому мы с жено́й купи́ли э́тот рестора́н с ба́ром и тепе́рь почти́ ка́ждый ве́чер выступа́ем вме́сте. **5**

– Спаси́бо, Ива́н Влади́мирович.
– Пожа́луйста.

Никола́й Кузнецо́в

б Напиши́те. Notieren Sie, welche der hervorgehobenen Formulierungen ...

1. ... Begeisterung ausdrücken.   _____ _____

2. ... die Abfolge von Handlungen darstellen. _____ _____ _____

3. ... die Dauer einer Handlung angeben.   _____

4. ... eine Begründung ausdrücken.   _____

в Позвони́те. Rufen Sie eine / einen Bekannten an. Berichten Sie von dem Artikel, fragen Sie, ob er / sie ihn auch gelesen hat. Sprechen Sie über die Bar und den Besitzer.

г Спроси́те ва́шего партнёра. Fragen Sie Ihren Partner ...

1. ... от чего́ он в восто́рге.
2. ... куда́ он поступи́л по́сле шко́лы.
3. ... кем он рабо́тал по́сле университе́та / те́хникума / ...
4. ... кем он хоте́л / хо́чет рабо́тать.

AB 23-29

пятьдеся́т три **53**

Любопы́тно знать

а Прочита́йте классифика́цию и допо́лните профе́ссии. Lesen Sie die Klassifikation von Berufen. Ordnen Sie den Gruppen weitere Berufe zu.

Классифика́ция профе́ссий (по Е. А. Кли́мову*, психо́лог)
С чем челове́к име́ет де́ло*?

№	гла́вный при́знак*	профе́ссии
1	Челове́к име́ет де́ло с приро́дой*.	зооте́хник, агроно́м, лабора́нт
2	Челове́к име́ет де́ло с те́хникой.	металлу́рг, радиомеха́ник, архите́ктор, _____
3	Челове́к име́ет де́ло с челове́ком.	парикма́хер, экскурсово́д, _____, _____, _____
4	Челове́к име́ет де́ло с систе́мой зна́ков* – языки́, ци́фры, ко́ды.	перево́дчик, матема́тик, _____, _____
5	Худо́жественная* рабо́та	диза́йнер, арти́ст, писа́тель, _____

* гла́вный при́знак – Hauptmerkmal; име́ть де́ло – zu tun haben; по Е. А. Кли́мову – nach E. A. Klimow; приро́да – Natur; систе́ма зна́ков – Zeichensystem; худо́жественный – künstlerisch

б Обсуди́те. Besprechen Sie, welches Hauptmerkmal für einen anderen Beruf ein sekundäres Merkmal sein kann.

Врач име́ет де́ло не то́лько с ..., но и с ...

в Расскажи́те. Berichten Sie.

Я хоте́л/а име́ть де́ло с ...
Я о́чень люби́л/а ...
Поэ́тому я хоте́л/а рабо́тать с ...

А тепе́рь я име́ю де́ло с ...
Я рабо́таю с ...

Я уже́ уме́ю … Ich kann schon …

	👤	👥	Übung
• über meinen Beruf und Arbeitsort sprechen.			→ 1, 2, 3
• erzählen, mit wem ich gesprochen habe.			→ 4
• die Art und Weise von Handlungen angeben.			→ 5
• Eigenschaften von Personen und Gegenständen benennen.			→ 5
• Telefongespräche führen.			→ 6
• ausdrücken, dass ich etwas machen möchte.			→ 6
• die Abfolge und Dauer einer Handlung angeben.			→ 7
• ausdrücken, womit ich in meinem Beruf zu tun habe.			Любопы́тно знать

Резюмé

Substantive: Instrumental Singular

GR 4.2

	I. Deklination			II. Deklination		
	m		*n*	*f / m*		*f*
	—	-й	-о	-а	-я	-ия
Nom.	брат	музéй	пи́во	сестра́	кофéйня	Росси́я
Instr. (с)	бра́том	музéем	пи́вом	сестро́й	кофéйней	Росси́ей

KB 3

Maskuline Substantive mit Suffix -ец: продавéц, продавца́, о продавцé – нéмец, нéмца, о нéмце.
Endungsbetonte Substantive mit Zischlaut vor Endung: с врачо́м, продавцо́м, госпожо́й.
Nicht endungsbetonte Substantive mit Zischlaut vor Endung: с нéмцем, учи́тельницей.

Personalpronomen: Instrumental

GR 6.1

Nom.	я	ты	он	она́	оно́	мы	вы	они́
Gen.	меня́	тебя́	(н)его́	(н)её	(н)его́	нас	вас	(н)их
Dat.	мне	тебé	(н)ему́	(н)ей	(н)ему́	нам	вам	(н)им
Akk.	меня́	тебя́	(н)его́	(н)её	(н)его́	нас	вас	(н)их
Instr. (с)	мной	тобо́й	(н)им	(н)ей	(н)им	на́ми	ва́ми	(н)и́ми

KB 4

Beim Instrumental von я wird an die Präposition ein -о angefügt: со мной.

Interrogativpronomen: Instrumental von кто und что

Nom.	кто	что
Gen.	кого́	чего́
Dat.	кому́	чему́
Akk.	кого́	что
Instr.	(с) кем	(с) чем
Präp.	(о) ком	(о) чём

KB 4, 5

Interrogativpronomen: како́й, кака́я, како́е

GR 6.3

Demonstrativpronomen: тако́й, така́я, тако́е

како́й, кака́я, како́е und тако́й, така́я, тако́е werden wie Adjektive dekliniert:

како́й / тако́й специали́ст

кака́я / така́я профéссия

како́е / тако́е выступлéние

Kasusgebrauch: Instrumental mit und ohne Präposition

GR 4.3

Verben mit der Bedeutung *sein, gelten als, dienen als, arbeiten als*:
Instrumental ohne Präposition: быть адвока́том, рабо́тать инженéром.
Handlungen, die eine Gemeinsamkeit ausdrücken: игра́ть **с** бра́том, говори́ть **с** мéнеджером.

KB 3, 4, 5

Wortbildung: von Substantiven abgeleitete Adjektive

GR 5.2

Substantiv → Adjektiv: -н- + Adjektivendung: компью́тер + н + ый → компью́терный /
газéта + н + ый → газéтный / футбо́л + ь + н + ый → футбо́льный

KB 4

Wortbildung: von Adjektiven abgeleitete Adverbien auf -о

GR 9.2

Adjektivendung → -о: хоро́ший специали́ст – хорошо́ знать, плохо́й концéрт – пло́хо игра́ть,
интерéсный рома́н – интерéсно писа́ть

KB 5

Intonation: Fragesatz und Ausruf

GR 3

Fragesatz

Како́й сего́дня день? (понедéльник)
Verstärkung der betonten Silbe des sinntragenden Wortes, danach Absinken der Stimme.

Ausruf

Како́й сего́дня день! (чудéсный)
Hervorheben zweier Wörter, die für den Sprecher den Sinn des Ausrufs tragen. Ansteigen der Stimme über der betonten Silbe des ersten Wortes, Halten der Stimme auf hohem Niveau bis zur betonten Silbe des zweiten sinntragenden Wortes, danach Absinken der Stimme.

пятьдеся́т пять **55**

7 Де́лать поку́пки

sagen, dass man etwas braucht oder kaufen muss • Souvenirs benennen • Aussagen zur Ernährung treffen • Verpackungen und Mengen angeben • Bitten äußern • Einkaufsgespräche führen • Richtungs- und Ortsangaben

1 Мне ну́жно купи́ть сувени́р.

а Подбери́те назва́ния. Ordnen Sie den Fotos die passenden Bezeichnungen zu.

матрёшка ▪ откры́тка ▪ почто́вая ма́рка ▪ самова́р ▪ DVD ▪ фигу́рка ▪ бейсбо́лка ▪ магни́т ▪ ку́кла ▪ ико́нка

а  б  в 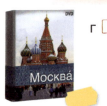 г    д

е   ж  з  и   к

б Прослу́шайте. Hören Sie und notieren Sie in 1a die Nummern der Personen, die diese Gegenstände noch kaufen müssen: И́горь (1), Ка́тя (2) oder Ива́н и Светла́на (3).

в Расскажи́те. Berichten Sie, was И́горь, Ка́тя sowie Ива́н и Светла́на kaufen müssen.

И́горь: Мне ну́жно / на́до купи́ть самова́р для сестры́.
→ И́гор**ю** ну́жно / на́до купи́ть ...
Ка́тя: Мне ну́жно / на́до купи́ть откры́тку.
→ Ка́т**е** ну́жно / на́до купи́ть ...
Светла́на и Ива́н: Нам ну́жно / на́до ещё купи́ть пода́рок для дру́га.
→ Светла́н**е** и Ива́н**у** ну́жно / на́до купи́ть ...

> **müssen**
> Handlungsträger im Dativ
> + ну́жно / на́до + Infinitiv

Dativ Singular der Substantive

	m			*n*	*f*		
Nominativ	–	-ь	-й	-о	-а	-я	-ия
Endung Dativ	-у	-ю	-ю	-у	-е	-е	-ии
наприме́р	Ива́ну	И́горю	музе́ю	пи́ву	Светла́не	Ка́те	Ю́лии

г Напиши́те на ка́рточках слова́. Notieren Sie Gegenstände auf Zettel. Jeder zieht einen Zettel. Die anderen erfragen, was er kaufen muss. Berichten Sie dann im Plenum.

Тебе́ / вам ну́жно / на́до купи́ть ...?
Ма́ртину / Ка́рин ну́жно купи́ть ...

моби́льный телефо́н ▪ фотоаппара́т ▪ сим-ка́рта ▪ флеш-ка́рта ▪ батаре́йка

56 пятьдеся́т шесть

д Прочитáйте и измените диалóг. Lesen und variieren Sie das Gespräch.

■ Ивáн, нам нáдо ещё купить подáрок для Штéфана.
● Да. Мóжет быть, мы кýпим емý DVD о Москвé и бейсбóлку? Как ты дýмаешь?
■ Давáй.

AB 1-3

2 Это, навéрное, дóрого стóит?

 Прослýшайте. Hören Sie die Preisangaben und tragen Sie sie in Aufgabe 1a ein.
Unterhalten Sie sich über die Preise der Waren.

скóлько ∎ стóит ∎ не знáю ∎ навéрное ∎ стóит óчень дóрого ∎
стóит недóрого ∎ я дýмаю ∎ примéрно ∎ ... рубль / рубля́ / рублéй

AB 4-6

3 Где здесь магазин Óвощи и фрýкты?

а Спросите друг дрýга. Fragen Sie sich gegенseitig, wo die Geschäfte sind.

ýлица Вавилова ∎ проспéкт Мира ∎ шоссé Энтузиáстов ∎ ýлица Грибоéдова ∎ ýлица Дрýжбы ∎ ýлица Грина ∎ проспéкт Академика Сáхарова

– Скажите, пожáлуйста, где здесь магазин / киóск?
– ... есть на ...
– Магазина / киóска нет, но на ... есть магазин / киóск.

 б Прослýшайте.
Hören Sie und notieren Sie die Dialognummern in 3a.

в Прослýшайте ещё раз. Hören Sie erneut und kreuzen Sie an, wer was sagt.

	продавéц	покупáтель
1. Это всё?	☐	☐
2. Журнáл ... у вас есть?	☐	☐
3. Вон там слéва.	☐	☐
4. Вам помóчь?	☐	☐
5. Онá слишком дорогáя.	☐	☐
6. Мóжно ... посмотрéть?	☐	☐
7. Скóлько ... стóит?	☐	☐
8. Я ... берý.	☐	☐
9. Дáйте, пожáлуйста, ...	☐	☐
10. Здесь есть банкомáт?	☐	☐
11. Ря́дом есть банк.	☐	☐

können, dürfen
мóжно + Infinitiv

пятьдеся́т семь 57

г Прочита́йте диало́ги. Lesen Sie die Dialoge. Unterstreichen Sie die Formen des Imperativs.

1.

■ Три бана́на, пожа́луйста, и два апельси́на.
● Э́то всё?
■ Да.
● 86 рубле́й, пожа́луйста.

2.

▲ Вот, откры́тку, пожа́луйста, и почто́вую ма́рку.
◆ Куда́?
● В Герма́нию.
◆ 32 рубля́, пожа́луйста.
● А журна́л «Ито́ги» у вас есть?
◆ Нет. Его́ мо́жно купи́ть в кио́ске.
● Где здесь кио́ск?
◆ Снача́ла иди́те пря́мо, пото́м нале́во.
● Спаси́бо. Скажи́те, пожа́луйста, почто́вый я́щик где?
◆ Вон там сле́ва, у вхо́да.
● Спаси́бо.

3.

● Извини́те! Вам помо́чь?
▲ Да. Мне ну́жно купи́ть пода́рок.
● Для же́нщины и́ли мужчи́ны?
▲ Для же́нщины.
● Понима́ю. Вот у нас есть о́чень краси́вая матрёшка.

▲ Така́я ма́ленькая у неё уже́ есть. А мо́жно посмотре́ть матрёшку «Президе́нт»?
● Вот, пожа́луйста.
▲ Она́ о́чень интере́сная, но сли́шком дорога́я. А вон там стои́т фигу́рка – спра́ва от матрёшки. Мо́жно её посмотре́ть? Ско́лько она́ сто́ит?
● 360 рубле́й.
▲ Я её беру́.
● Э́то всё?
▲ Нет. Да́йте, пожа́луйста, ещё два магни́та. Оди́н с Ми́шкой, а друго́й с Кремлём. Э́то всё.
● 470 рубле́й.
▲ Вы принима́ете креди́тки?
● К сожале́нию, нет.
▲ А банкома́т здесь есть?
● Ря́дом с магази́ном есть банк. Там есть и банкома́т. От вы́хода магази́на иди́те напра́во.
▲ Спаси́бо.

AB 7-12

Imperativ

Infinitiv	3. Person Pl.	Imperativ Sg.	Imperativ Pl.
1. чита́ть	чита́-ют	чита́-й	чита́-йте
2. идти́	ид-у́т	ид-и́	ид-и́те
3. гото́вить	гото́в-ят	гото́в-ь	гото́в-ьте

---

4 Иди́те нале́во, там есть банк.

а Допо́лните предложе́ния. Ergänzen Sie die Sätze: 1 = Siezen, 2 = Duzen.

писа́ть ǀ слу́шать ǀ купи́ть ǀ смотре́ть ǀ повтори́ть ǀ сказа́ть ǀ идти́ ǀ звони́ть

1. _____, пожа́луйста. Я ещё пло́хо понима́ю по-ру́сски.

_____, пожа́луйста, где здесь по́чта?

_____ снача́ла пря́мо, а пото́м нале́во.

_____, кака́я краси́вая ку́кла!

2. _____ мне, пожа́луйста, то́же буты́лку воды́.

_____, ты не зна́ешь, где Ива́н?

Вот мой телефо́н. _____!

Вот пока́ и всё. Приве́т Мари́не.

_____! Лари́са

б Найди́те в диало́гах … Finden Sie in 3г Richtungs- und Ortsangaben.

в Измени́те диало́г. Variieren Sie einen Dialog aus 3г und spielen Sie ihn vor.

AB 13-16

58 пятьдеся́т во́семь

5 Яблоки или груши?

я́блоки ∎ апельси́ны ∎ гру́ши ∎ огурцы́ ∎ помидо́ры ∎ молоко́ ∎ хлеб ∎ ма́сло ∎ колбаса́ ∎ сыр ∎ я́йца ∎ конфе́ты

а Подбери́те слова́. Ordnen Sie zu.

б Допо́лните. Ergänzen Sie die Pluralformen und dann die Grammatikübersicht.

– Как по-ру́сски Äpfel?
– Я ду́маю, э́то ...

Singular	Plural
я́блоко	_____
апельси́н	_____
гру́ша	_____
огуре́ц	_____
помидо́р	_____
яйцо́	_____
конфе́та	_____

Nominativ und Akkusativ Plural der Substantive (unbelebt)

	m			n		f	
Nom. Sing.	–	-ь	-й	-о		-а	-я
Nom. / Akk. Plural	-ы	-и	-и	-а		-ы	-и
наприме́р	_____	рубли́	музе́и	_____		_____	кофе́йни

! я́блоко – я́блоки

в Каки́е вы зна́ете ....? Was kennen Sie für ...?

    фру́кты   о́вощи   проду́кты

 г Поговори́те друг с дру́гом! Unterhalten Sie sich darüber, welche Lebensmittel Sie mögen.

AB 17

 6 Нам нужны́ ещё помидо́ры.

а Прослу́шайте. Hören Sie und ergänzen Sie (Nominativ).

1. Са́ша   2. Лари́са   3. Ива́н

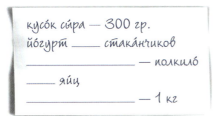 

У Тама́ры и Вади́ма уже́ есть: _____

пятьдеся́т де́вять **59**

б Прочитáйте разговóр. Lesen Sie und unterstreichen Sie die Formen von нýжен.

- ■ Слýшайте, я говорил с Тамáрой и Вадимом. Им нужнá нáша пóмощь. Вот у меня спи́сок, что нýжно купи́ть для вечери́нки. Нам нужны́ ещё напи́тки, óвощи и фрýкты, сыр, колбасá, конфéты.
- ● Давáй я куплю́ напи́тки.
- ■ Хорошó.
- ● Знáчит, квас, минерáльную вóду, апельси́новый сок, буты́лку вóдки. Ещё что?
- ▲ Винó и́ли шампáнское?
- ● Я за шампáнское.
- ■ Я тóже. А квас ужé есть. Егó я ужé купи́л. Лари́са, ты мóжешь купи́ть фрýкты?
- ▲ Да. Это не проблéма.
- ■ Тамáре обязáтельно нужны́ я́блоки, банáны и грýши.
- ▲ Два килогрáмма я́блок, килогрáмм банáнов, нéсколько груш? Примéрно полкилó?
- ■ Да. А ещё нýжен килогрáмм помидóров и два огурцá для салáта.
- ▲ Хорошó.
- ■ А я куплю́ продýкты. Кусóк сы́ра – примéрно 300 грамм, полкилó колбасы́, 5 стакáнчиков йóгурта. А, и ещё 10 яи́ц для блинчиков. Как вы дýмаете, конфéты тóже мóжно купи́ть в гастронóме?
- ▲ Да, конéчно.
- ■ Тогдá я куплю́ ещё и килогрáмм конфéт.
- ■ А хлеб, мáсло есть?
- ■ Есть. Дýмаю, это всё, что нам нýжно.

> **etwas brauchen**
> Handlungsträger im Dativ + нýжен, нужнá, нýжно, нужны́ + Nominativ

в Дополните. Finden Sie in 6б Mengenangaben und ergänzen Sie.

> **Genitiv Plural der Substantive**
>
> | | *m* | | | *n* | | *f* | |
> |---|---|---|---|---|---|---|---|
> | Nom. Sing. | — | -ь | -й | -о | | -а | -я |
> | Gen. Pl. | -ов | -ей | -ев | — | | — | - |
> | напримéр | _____ | рублéй | музéев | _____ | | _____ | кофéен |
>
> Im Plural entspricht der Akkusativ der belebten Substantive (maskulin und feminin) dem Genitiv.

г Дополните. Ergänzen Sie die fehlenden Formen.

121 рубль	1 копéйка	41 éвро	51 цент	101 франк	61 _____
322 _____	4 _____	83 éвро	62 _____	333 _____	92 _____
450 _____	5 копéек	99 _____	76 _____	405 _____	13 рáппов

 д Пересчитáйте на éвро / фрáнки.
Rechnen Sie in Euro / Schweizer Franken um.

– 340 рублéй – это скóлько éвро / фрáнков?
– Примéрно …

60 шестьдеся́т

е Напиши́те. Notieren Sie Bezeichnungen für Verpackungen sowie Lebensmittel.

а   б в г   д

1. паке́т _молока́_
2. буты́лка _____
3. стака́нчик _____
4. ба́нка _____
5. коро́бка _____

ж Поговори́те. Erarbeiten Sie ein Telefongespräch: Sascha ruft Tamara an und berichtet, wer was kauft.

AB 18-22

– ... Я говори́л с ... Он / она́ ку́пит ...
– Хорошо́. / О, э́то сли́шком ма́ло (мно́го). Но ничего́.

7 Я беру́ коро́бку конфе́т.

а Подбери́те отве́ты к вопро́сам. Ordnen Sie den Fragen die Antworten zu.

1. Что нам ну́жно?
2. Ско́лько сто́ит паке́т молока́?
3. Э́то до́рого?
4. Ма́сло и хлеб есть?
5. Сыр ну́жен?
6. Конфе́ты ну́жно купи́ть?
7. Извини́те, ка́сса где?
8. Ско́лько стоя́т помидо́ры на ры́нке?

а Килогра́мм – рубле́й 70.
б Нет, я ду́маю, что э́то недо́рого.
в Не́сколько я́блок и два огурца́.
г Да, есть.
д Нет, я его́ уже́ купи́л в четве́рг.
е Паке́т – э́то литр. Он сто́ит 26 рубле́й.
ж Да, обяза́тельно.
з Вон там сле́ва.

мо́жно / ну́жно купи́ть
нам / мне ну́жен /
нужна́ / нужны́

б Поговори́те и напиши́те. Besprechen und notieren Sie, was Sie für einen geselligen Abend benötigen. Entscheiden Sie, in welchem Geschäft Sie einkaufen werden. Begründen Sie.

в Приду́майте диало́г. Erarbeiten Sie ein Gespräch in einem Geschäft. Denken Sie sich Aussagen aus, die sich mit пра́вильно / непра́вильно bewerten lassen.

AB 23-28

шестьдеся́т оди́н **61**

Любопы́тно знать

 a Прочита́йте те́ксты. Lesen Sie und kreuzen Sie an.

> Когда мне нужно купить продукты, я иду в магазин «О'кей» рядом с домом, где я живу. Он новый, большой, очень современный и недорогой. Ассортимент отличный: российские и иностранные* продукты, овощи, фрукты, сыры, хлеб и торты, конфеты ... Но там можно купить также* одежду*, посуду*, косметику, компьютеры и многое другое. И часы работы очень удобные*: с 9 до 23.
> *Михаил, Красноярск*

> Вам нужен хороший магазин в центре Москвы? Идите в ГУМ. Там есть Гастроном № 1. Это отличный, но довольно* дорогой продуктовый магазин. Он работает с 0 до 24 часов. Там такой выбор*! И французские сыры, калифорнийские вина и немецкое пиво, но и российские продукты: хлеб, торты, йогурты и, конечно, конфеты. А в кафе гастронома есть хороший выбор закусок* и напитков.
> *Катя, Псков*

	О'кей	Гастроном № 1
1. Das Geschäft ist rund um die Uhr geöffnet.	☐	☐
2. Es gibt eine gastronomische Einrichtung.	☐	☐
3. Das Angebot ist vielseitig.	☐	☐
4. Das Geschäft führt ...		
а ... russische Waren.	☐	☐
б ... russisches Konfekt.	☐	☐
в ... Lebensmittel.	☐	☐
г ... Kleidung.	☐	☐

* вы́бор – Auswahl; дово́льно – ziemlich; заку́ска – Vorspeise, Imbiss; иностра́нный – ausländisch; оде́жда – Kleidung; посу́да – Geschirr; та́кже – ebenfalls; удо́бный – hier: günstig

б Сформули́руйте вопро́сы. Formulieren Sie eine Frage zu jedem Text.

в Вы́пишите прилага́тельные. Notieren Sie die Adjektive, die die Herkunft der Waren angeben. Unterstreichen Sie die Endungen und ergänzen Sie.

проду́кты: _____

сыры́: _____

ви́на: _____

> Nom. und Akk. Plural unbelebter Adjektive (alle Geschlechter)
> Endungen: _____

Я уже́ уме́ю ... Ich kann schon ...

	👤	👥	Übung
• sagen, was ich noch kaufen muss / brauche.			→ 1, 6
• Preisangaben verstehen und sagen, ob etwas teuer ist.			→ 2
• Richtungen angeben und Orte genauer bestimmen.			→ 3, 4
• Bitten äußern und Ratschläge geben.			→ 3, 4
• Obst, Gemüse und Lebensmittel benennen.			→ 5
• Mengenangaben machen.			→ 6
• ein Gespräch in einem Geschäft führen.			→ 3, 7

62 шестьдеся́т два

Резюмé

Substantive: Dativ Singular

GR 4.2

	I. Deklination				II. Deklination		
	m			*n*	*f / m*		*f*
	–	-ь	-й	-о	-а	-я	-ия
Nom.	студéнт	рубль	музéй	винó	конфéта	кофéйня	Россúя
Dat.	студéнту	рублю́	музéю	винý	конфéте	кофéйне	Россúи

KB 1

Substantive: Nominativ, Genitiv und Akkusativ Plural

GR 4.2

	I. Deklination				II. Deklination		
	m			*n*	*f / m*		*f*
	–	-ь	-й	-о	-а	-я	-ия
Nom.	студéнты	рублú	музéи	вúна	конфéты	кофéйни	
Gen.	студéнтов	рублéй	музéев	вин	конфéт	кофéен	
Akk.	студéнтов	рублú	музéи	вúна	конфéты	кофéйни	

KB 5, 6

Plural: Maskulina und Feminina → belebt / unbelebt. Belebt: Akk. = Gen.; unbelebt: Akk. = Nom.:
Я спрáшиваю студéнтов / дéвушек. – Я люблю́ языкú / конфéты.

Kasusgebrauch: Genitiv bei Zahlen und Mengen

GR 4.3

1	→ Nom.:	одúн литр, однó яйцó, однá конфéта	21 литр
2, 3, 4	→ Gen. Sg.:	два / три / четы́ре лúтра / áйца, две / три / четы́ре конфéты	22-24 лúтра
5-20	→ Gen. Pl.:	пять – двáдцать лúтров, яйц, конфéт	25-30 лúтров

Teil einer Menge	, die aus einem Stück besteht → Gen.Sing.	aus vielen Einzelstücken → Gen. Pl.
	кусóк сы́ра, 200 гр. колбасы́	полкилó я́блок, 300 гр. конфéт

Unbestimmte Zahlwörter sowie скóлько → Genitiv Plural.

Ungefähre Zahlen- oder Mengenangaben: Zahl wird nachgestellt.
Килогрáмм я́блок стóит рублéй 45.   Ein Kilo Äpfel kostet ungefähr 45 Rubel.

KB 5, 6

Verben: Imperativ

GR 8.6

Der Imperativ wird vom Präsensstamm gebildet (= 3. Pers. Plural ohne Endung).
• Stammende auf Vokal: -й / -йте (1).
• Stammende Konsonant: -и / -ите (2). 1. Pers. Sing. endungsbetont → -и meist betont.
• Betonung im Verb vor der Endung: meist -ь / -ьте (3).

Infinitiv	3. Person Pl.	Imperativ Sg.	Imperativ Pl.
1. читáть	читá-ют	читáй	читáйте
2. идтú	ид-ýт	идú	идúте
3. готóвить	готóв-ят	готóвь	готóвьте

KB 3

Satzbau: vor- und nachgestellt Adjektive

GR 12.3

Это óчень <u>красúвая</u> матрёшка.   Das ist eine sehr <u>schöne</u> Matrjoschka.
Матрёшка óчень <u>красúвая</u>.   Die Matrjoschka ist sehr <u>schön</u>.

Modalwörter

GR 10

Мóжно посмотрéть? Kann / darf man sich das einmal anschauen?
 → Kann / darf ich mir das einmal anschauen?

Ирúне нýжно / нáдо идтú.   Irina muss gehen.
Мóжно мне посмотрéть самовáр? Kann / darf ich mir den Samowar einmal anschauen?

KB 1, 3, 6

шестьдеся́т три **63**

Поигрáем!

Spielregeln

Gespielt wird in Gruppen von 3 - 4 Teilnehmern. Alle stellen ihre Spielsteine auf das Feld Старт. Der erste würfelt, rückt auf das entsprechende Feld vor und löst die Aufgabe. Für jede richtige Lösung gibt es einen Punkt. Das Spiel ist beendet, wenn der erste Spieler im Ziel ist. Es gewinnt der Spieler mit der höchsten Punktzahl.

Aufgaben

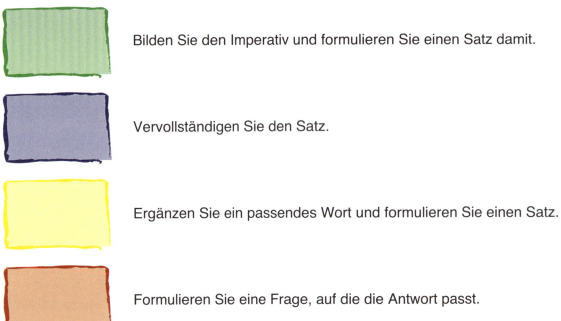

Bilden Sie den Imperativ und formulieren Sie einen Satz damit.

Vervollständigen Sie den Satz.

Ergänzen Sie ein passendes Wort und formulieren Sie einen Satz.

Formulieren Sie eine Frage, auf die die Antwort passt.

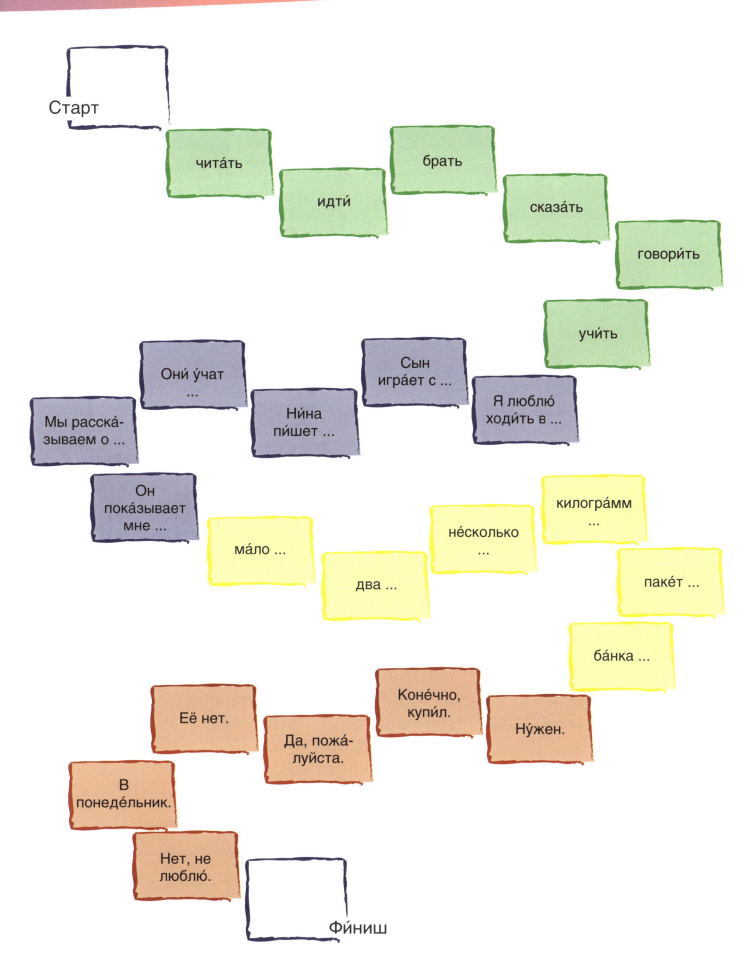

Новый год и Рождество

1 Праздники

Запишите, когда отмечают какой праздник. Tragen Sie ein, welcher Feiertag wann begangen wird. Was vermuten Sie: Womit hängen die Unterschiede zusammen?

Рождество Новый год старый Новый год

	в вашей стране	в России
25. / 26.12.	_____	_____
01.01.	_____	_____
07.01.	_____	Рождество
14.01.	_____	_____

2 Атрибуты праздника

Подберите слова к фотографиям. С какими праздниками ассоциируете эти слова? Notieren Sie die Begriffe zu den Fotos. Mit welchen Feiertagen in 1 verbinden Sie die Begriffe?

подарки ▪ ёлка ▪ Дед мороз ▪ Снегурочка ▪ фейерверк ▪ церковь

_____ _____ _____ _____ _____ церковь

3 Традиции

a Прочитайте, что люди рассказывают о праздниках. Lesen Sie, was verschiedene Personen über die Festtage sagen. Kreuzen Sie an, was auch auf Sie zutrifft.

- ☐ _____ В Новый год приходят* Дед мороз со Снегурочкой.
- ☐ _____ Новый год – это ёлка, мандарины, подарки и сюрпризы.
- ☐ _____ Мы встречаем* Новый год дома.
- ☐ _____ Старый Новый год мы не отмечаем*.
- ☐ _____ Для меня Новый год – это работа и стресс.
- ☐ _____ Я люблю смотреть хорошие новогодние шоу по телевизору.
- ☐ _____ Я каждый год смотрю «Иронию судьбы».
- ☐ _____ У нас хорошая традиция – готовить салат «Оливье» и яйца с икрой*.
- ☐ _____ На Рождество наша семья ходит в церковь.

☐ _____ Новый год – это очень весёлый* праздник.
☐ _____ Старый Новый год я встречаю* вместе с семьёй.
☐ _____ Мы всегда запускаем* фейерверки.
☐ _____ Новый год для нас большой семейный праздник.
☐ _____ Мы устраиваем* маскарад для детей, играем с ними, читаем им сказки*.

* весёлый –lustig; встречать – empfangen, begrüßen; запускать – starten, steigen lassen; икра – Kaviar; отмечать – begehen, feiern; приходить – kommen; сказка – Märchen; устраивать – veranstalten, organisieren

 б Кому принадлежат эти высказывания? Welche Aussagen in 3a passen zu welcher Person? Notieren Sie die entsprechende Nummer.

Юлия   Евгений   Татьяна

в Расскажите, где, с кем и как вы отмечаете Рождество и встречаете Новый год.
Erzählen Sie, wo, mit wem und wie Sie Weihnachten und Silvester feiern.

4 Поздравления, пожелания, тосты

Сгруппируйте выражения. Ordnen Sie die Wendungen zu. Welche Ausdrücke verwenden Sie, welche kommen Ihnen eher fremd vor?

С Рождеством! ▪ За здоровье*! ▪ Любви*! ▪ С праздником! ▪ За вас! ▪ Счастья*! ▪ С наступающим (праздником)*! ▪ Успехов*! ▪ За Новый год!

* здоровье – Gesundheit; любовь – Liebe; наступающий праздник – bevorstehender Feiertag; счастье – Glück; успех – Erfolg

5 Новогодний тост

Прочитайте новогодний тост и дополните перевод. Выучите тост наизусть.
Lesen Sie den Trinkspruch und ergänzen Sie in der Übersetzung die markierten Begriffe. Lernen Sie den russischen Vers auswendig.

Желаем чтобы Дед Мороз	Wir wünschen, dass _____
Мешок здоровья вам принёс	Euch einen Sack _____ bringt,
Второй мешок со смехом	einen zweiten Sack mit Lachen,
А третий пусть с успехом.	und voll _____ den dritten mag packen.

6 Песня

Прослушайте первую и последнюю строфы популярной новогодней песни.
Hören Sie die erste und letzte Strophe eines beliebten Neujahrsliedes. Nummerieren Sie die Wörter in der Reihenfolge, in der sie im Lied genannt werden.

- ☐ в лесу im Wald
- ☐ много радости viel Freude
- ☐ ёлочка
- ☐ зелёная grün
- ☐ нарядная elegant, schmuck
- ☐ на праздник
- ☐ детишкам
- ☐ зимой и летом winters und sommers

7 Ты любишь Рождество?

Напишите карточки с заданиями, как на образце. Schreiben Sie Kärtchen mit Aufgaben wie im Beispiel. Die Kärtchen werden gemischt und jeder zieht eine Aufgabe.

> Finden Sie jemanden, ...
> кто не любит Рождество.

Ты любишь Рождество?

8 Поговорка

Welche Übersetzung entspricht dem russischen Sprichwort?

Как встретишь Новый год, так его и проведёшь!

- ⓐ Wie man das neue Jahr beginnt, so verbringt man es auch.
- ⓑ Wie man in den Wald hineinruft, so schallt es heraus.
- ⓒ Wie man sich bettet, so schläft man.

68 шестьдесят восемь

Любопы́тно знать

Das neue Jahr beginnt in Russland mit einer zehntägigen Ferienzeit, in der nicht nur die Schulen geschlossen bleiben, sondern auch staatliche Einrichtungen und die meisten Firmen.

Eröffnet werden diese Ferien durch das Neujahrsfest. Bei den Jolka-Festen (Ёлка), die schon vor dem Jahreswechsel überall veranstaltet werden, tritt der Дед моро́з mit seiner Enkelin Снегу́рочка auf. Diese sind übrigens in Вели́кий Усти́ог zu Hause, einer kleinen Stadt 1000 km nordöstlich von Moskau entfernt.

Der 31. Dezember ist in der Regel noch ein Arbeitstag, deshalb beginnt die Feier in den meisten Familien erst gegen 22 Uhr mit einem festlichen Abendessen, zu dem Sekt, der Salat „Olivie", Gans oder Ente mit Äpfeln gehören. Man verabschiedet sich vom alten Jahr (прово́дят ста́рый год), von dem man alles Gute mit ins neue Jahr nehmen möchte. Um 23.55 Uhr wird die Neujahrsansprache (нового́днее обраще́ние) des Präsidenten übertragen und mit dem letzten Schlag der Uhr am Erlöserturm des Kremls (кремлёвские кура́нты) beginnt das neue Jahr.

Am 7. Januar begeht die russisch-orthodoxe Kirche das Weihnachtsfest (Рождество́ Христо́во). Am Heiligen Abend, dem 6. Januar (соче́льник), endet für die Gläubigen die vierwöchige weihnachtliche Fastenzeit (рожде́ственский пост). Um 22 Uhr beginnt der Hauptgottesdienst, den der Metropolit der russisch-orthodoxen Kirche in der Erlöserkathedrale in Moskau hält und der bis 7 Uhr am Weihnachtstag andauert.

Zu Sowjetzeiten (1929) wurde Weihnachten abgeschafft – wie auch andere kirchliche Feiertage. Damit „verschwanden" auch die Ёлка und der Дед моро́з. Erst 1937 wurde wieder ein Jolka-Fest für Kinder organisiert, zu dem auch Großväterchen Frost erschien. Seither gehört beides zum Neujahrsfest.

In der Nacht vom 13. zum 14. Januar begrüßt man nach dem orthodoxen Kalender das Neujahr. Es ist kein offizieller Feiertag, aber immer mehr Menschen begehen ihn mit der Familie oder mit Freunden bei einem festlichen Abendessen und mit kleinen Geschenken.

Viele Bräuche des orthodoxen Weihnachten und Neujahrs haben sich erhalten oder wurden auf das weltliche Neujahrsfest übertragen. Dazu gehört auch die Tradition, Wünsche zu formulieren (тради́ция зага́дывать жела́ния), von denen man natürlich hofft, dass sie im neuen Jahr in Erfüllung gehen.

С Но́вым го́дом – с но́вым сча́стьем!

День рожде́ния

1 Приглаше́ние

a Прочита́йте приглаше́ния и укажи́те бу́кву подходя́щего перево́да. Lesen Sie die Einladung und notieren Sie den Buchstaben der passenden Übersetzung.

1. ____

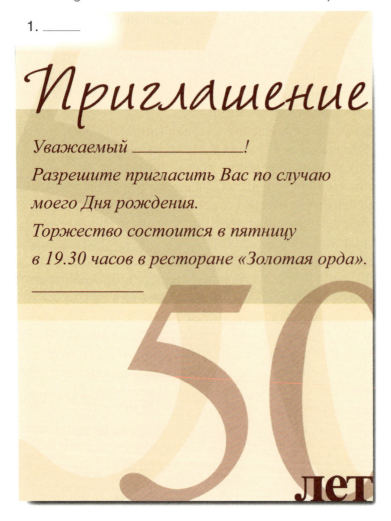

Приглашение

Уважаемый _____!
Разрешите пригласить Вас по случаю моего Дня рождения.
Торжество состоится в пятницу в 19.30 часов в ресторане «Золотая орда».

A
Sehr geehrter
_____!
Gestatten Sie mir, Sie aus Anlass meines Geburtstages einzuladen. Die Feier findet am Freitag 19.30 Uhr im Restaurant „Die Goldene Horde" statt.
_____

B
Hallo
_____!
Am Dienstag habe ich Geburtstag. Ich möchte Dich zu einem Abendessen ins „Goldene Ufer" einladen. Wir treffen uns dort 19.30 Uhr. Es wird lustig werden.
_____

2. ____

Привет _____!
Во вторник у меня будет день рождения. Хочу пригласить тебя на ужин в «Золотой берег». Встретимся там в 19.30. Будет весело.

б Официа́льное или дру́жеское письмо́? Подчеркни́те характе́рные выраже́ния. Offizieller oder freundschaftlicher Brief? Unterstreichen Sie die entsprechenden Wendungen.

70 се́мьдесят

2 Поздравле́ния и пожела́ния

а Прослу́шайте диало́ги. В како́м из них (1 или 2) на́званы э́ти выраже́ния.
Hören Sie: In welchem Dialog (1 oder 2) kommt welche Wendung vor?

☐ с Днём рожде́ния ☐ всего́ наилу́чшего ☐ сча́стья ☐ небольшо́й пода́рок

☐ с юбиле́ем ☐ успе́хов вам ☐ уда́чи ☐ здоро́вья

б Прочита́йте диало́ги и подчеркни́те при́знаки сти́ля (см. 1б).
Lesen Sie die Dialoge und unterstreichen Sie die Stilmerkmale (siehe 1б).

1
- Здра́вствуйте, Андре́й Никола́евич!
- Здра́вствуйте, Людми́ла Петро́вна.
- Разреши́те поздра́вить вас с юбиле́ем и пожела́ть вам всего́ наилу́чшего. Успе́хов вам и здоро́вья!
- Большо́е вам спаси́бо.

2
▲ Приве́т, Ма́ша!
● Приве́т, То́ля! Поздравля́ю тебя́ с Днём рожде́ния! Жела́ю всего́ до́брого, сча́стья и уда́чи. Вот небольшо́й пода́рок для тебя́.
▲ Большо́е тебе́ спаси́бо. О, DVD с мультфи́льмом «Чебура́шка»! Ну!
◆ Дава́й, споём вме́сте!

в Поздра́вьте с Днём рожде́ния ... Gratulieren Sie zum Geburtstag ...
... ва́шего преподава́теля.
... ва́шего партнёра.

се́мьдесят оди́н 71

Zu Lektion 5, Aufgabe 5 (Seite 43)

б Спроси́те друг дру́га! Fragen Sie sich gegenseitig, was die Personen machen und ergänzen Sie die Übersicht. Sie arbeiten mit dieser Seite, Ihr Partner mit Seite 43.

Кто что	.... лю́бит	и́ли ... не лю́бит.
Ле́на + И́ра	игра́ть в те́ннис (ча́сто)	смотре́ть телеви́зор (ре́дко)
Та́ня	_____	_____
я	совреме́нная литерату́ра (регуля́рно)	гуля́ть (о́чень ре́дко)
И́горь	_____	_____

Она́ лю́бит ...?   А что она́ не лю́бит де́лать?   Он / она́ ча́сто ...?
Да, ... / Нет, она́ ...   Не зна́ю.   Он не хо́дит ...

Zu Lektion 6, Aufgabe 2a (Seite 48)

а Предста́вьте э́тих лиц. Stellen Sie die Personen vor. Sie arbeiten mit dieser Seite, Ihr Partner mit Seite 48. Notieren Sie Stichworte.

 Ната́лья
_____
_____
_____

 Влади́мир
_____
_____
_____

 Ю́рий Петро́в
преподава́тель
 матема́тики
Институ́т Эконо́мики
Санкт-Петербу́рг

 Еле́на Деми́дова
журнали́ст
реда́кция газе́ты «За́втра»
Петрозаво́дск

72   се́мьдесят два

Grammatik

Grammatikübersicht Обзóр граммáтики

Inhaltsverzeichnis Содержáние

Einleitung Введéние 74
  0. Fachausdrücke und Abkürzungen Поня́тия и сокраще́ния 74
  1. Aussprache und Betonung Произноше́ние и ударе́ние 75
    1.1. Konsonanten
    1.2. Vokale
    1.3. Wichtige Betonungsregeln
    1.4. Wortbindung
  2. Rechtschreibung Орфогрáфия 78
  3. Intonation Интонáция 78
    3.1. Aussagesatz
    3.2. Fragesatz
    3.3. Ausruf
    3.4. Bestimmung des sinntragenden Wortes
  4. Substantiv Ѝмя существи́тельное 79
    4.1. Genus
    4.2. Kasus / Numerus / Deklination
    4.3. Kasusgebrauch
  5. Adjektiv Ѝмя прилагáтельное 82
    5.1. Kasus / Numerus / Deklination
    5.2. Von Substantiven abgeleitete Adjektive
  6. Pronomen Местоиме́ние 83
    6.1. Personalpronomen
    6.2. Possessivpronomen
    6.3. Interrogativpronomen und Demonstrativpronomen
  7. Präposition Предлóг 84
    7.1. Alphabetische Übersicht
    7.2. Übersicht nach Fällen
    7.3. Verwendung von в und на
  8. Verb Глагóл 85
    8.1. e- und i-Konjugation
    8.2. Unregelmäßige Verben
    8.3. Hilfsverb *sein*
    8.4. Verben der Bewegung: идти́ / ходи́ть
    8.5. Präteritum
    8.6. Imperativ
  9. Adverb Наре́чие 87
    9.1. Übersicht
    9.2. Abgeleitete Adverbien
  10. Modalwörter Модáльные словá: **ну́жно / на́до und мо́жно** 88
  11. Konjunktionen Сою́зы 88
  12. Satzbau Си́нтаксис 89
    12.1. Aussagesatz und Fragesatz ohne Fragewort
    12.2. Fragesatz mit Fragewort
    12.3. Stellung anderer Satzglieder

се́мьдесят три **73**

Einleitung Введе́ние

Die Lernschritte in Отлично! A1 orientieren sich an kommunikativen Situationen – die Vermittlung der kommunikativen Kompetenz steht in diesem Konzept an erster Stelle. Dabei spielen aber natürlich auch entsprechende Kenntnisse der Grammatik eine wichtige Rolle. Ihre Grammatikkenntnisse werden daher parallel in kleinen Schritten systematisch aufgebaut.

Diese Übersicht enthält nur den Grammatikstoff des Lehrwerks, d. h. manche Aspekte sind nicht in allen Details, sondern etwas vereinfacht dargestellt (z. B. ohne auf Spezialfälle oder Ausnahmen einzugehen). Für Ihren kommunikativen Lernerfolg reicht es aber aus, sich auf den dargestellten Stoff zu beschränken. In den Übersichtstabellen sind die Formen, die im Lehrwerk noch nicht behandelt werden, in Grau dargestellt.

Mit dieser Übersicht können Sie ...
– sich einen Überblick über den Grammatikstoff von Отлично! A1 verschaffen,
– bereits Gelerntes einfach und schnell nachschlagen und wiederholen,
– an das Grammatiklernen nicht nur in kleinen Schritten (lektionsweise) herangehen, sondern auch systematisch mit Formentabellen arbeiten. Beachten Sie aber, dass für die Bearbeitung der Aufgaben in den Lektionen die jeweils dort verzeichneten Grammatikthemen (Seite Резюме́ Zusammenfassung) ausreichen.

0. Fachausdrücke und Abkürzungen Поня́тия и сокраще́ния

Adjektiv	Eigenschaftswort	прилага́тельное
Adverb	Umstandswort	наре́чие
Deklination	Beugung (Hauptwörter)	склоне́ние
Demonstrativpronomen	hinweisendes Fürwort	указа́тельное местоиме́ние
Genus	Geschlecht	род
Imperativ	Befehlsform	повели́тельное наклоне́ние
Interrogativpronomen	Fragefürwort	вопроси́тельное местоиме́ние
Kasus	Fall	паде́ж
Konjugation	Beugung (Zeitwörter)	спряже́ние
Konjunktion	Bindewort	сою́з
Konsonant	Mitlaut	согла́сный
Modalwort		мода́льные сло́во
Numerus	Zahl	число́
Personalpronomen	persönliches Fürwort	ли́чное местоиме́ние
Plural	Mehrzahl	мно́жественное число́
Possessivpronomen	besitzanzeigendes Fürwort	притяжа́тельное местоиме́ние
Präposition	Verhältniswort	предло́г
Präsens	Gegenwart	настоя́щее вре́мя
Präteritum	Vergangenheit	проше́дшее вре́мя
Pronomen	Fürwort	местоиме́ние
Singular	Einzahl	еди́нственное число́
Substantiv	Hauptwort	существи́тельное
Verb	Zeit- / Tätigkeitswort	глаго́л
Verben der Bewegung		глаго́лы движе́ния
Vokal	Selbstlaut	гла́сный

74 се́мьдесят четы́ре

Nom.	Nominativ	*m*	Maskulinum
Gen.	Genitiv	*f*	Femininum
Dat.	Dativ	*n*	Neutrum
Akk.	Akkusativ	Sg.	Singular
Instr.	Instrumental	Pl.	Plural
Präp.	Präpositiv		

1. Aussprache und Betonung Произношéние и ударéние

Besonderheiten bei der Aussprache sind in diesem Abschnitt auf zwei Arten dargestellt. Die erste nutzt kyrillische Buchstaben, um Buchstaben-Laut-Beziehungen auf einfache Art zu verdeutlichen. Diese Darstellung ist Ihnen aus dem Kursbuch bekannt. Hervorgehoben wurden dabei nur die Buchstaben, die für den jeweiligen Themenschwerpunkt relevant sind. Die zusätzlich angeführte IPA-Umschrift [grau] gibt Aufschluss über die Aussprache des Wortes beziehungsweise der Wortverbindung insgesamt.

1.1. Konsonanten

Stimmhafte und stimmlose Konsonanten

Wie im Deutschen unterscheidet man auch im Russischen stimmhafte und stimmlose Konsonanten.

> **TIPP**
>
> Hören Sie den Unterschied zwischen stimmhaften und stimmlosen Konsonanten? Machen Sie den Test: Halten Sie zwei Finger an den Kehlkopf und stellen Sie sich vor, Sie wollen nacheinander die beiden Wörter *werben* und *färben* sagen. Sprechen Sie dabei aber nur jeweils den ersten Buchstaben aus. Im ersten Fall spüren Sie ein leichtes Vibrieren, weil die Stimmbänder in Bewegung sind (stimmhaft, wie в), im zweiten Fall nicht (stimmlos wie ф).

stimmhaft	б	в	г	д	ж	з	л	м	н	р	й	–			
stimmlos	п	ф	к	т	ш	с	–					х	ц	ч	щ

Stimmhafte Konsonanten werden stimmlos, wenn sie vor einem stimmlosen Konsonanten oder am Wortauslaut stehen. Das gilt auch für zusammenhängend gesprochene Wörter.

втóрник → [ф]тóрник
[ftórnʲɪk]

в футбóл → [ф] футбóл
[f:ʊtból]

бутербрó**д** → бутербрó[т]
[bʊtʲɛrbrót]

Stimmlose Konsonanten werden vor stimmhaften Konsonanten stimmhaft. Das gilt auch für zusammenhängend gesprochene Wörter.

от бухгáлтера → о[д] бухгáлтера
[ədbʊxgáltʲɛra]

с гитáрой → [з] гитáрой
[zɡʲitárəl]

к брáту → [г] брáту
[ɡbrátʊ]

сéмьдесят пять **75**

Palatalisierung

Fast alle Konsonanten können *hart* oder *weich* (palatalisiert) ausgesprochen werden.
Immer hart sind die Konsonanten ж, ш und ц: женá [ʒiná], хорóший [xəróʃij], концéрт [kɛntsért];
immer weich sind die Konsonanten ч, щ und й: чáсто [tʃástə], ещё [jjʃːó], давáй [dɛváj].

> **TIPP**
>
> Hören Sie den Unterschied zwischen harten und weichen Konsonanten? Machen Sie den Test:
> Stellen Sie sich vor, Sie wollen nacheinander die beiden Wörter *Kufe* und *Kiefer* sagen, sprechen
> Sie dabei aber nur jeweils den ersten Buchstaben aus. Versuchen Sie zu spüren, wie sich die Stel-
> lung der Zunge verhält: Bei *Kufe* ist der Mittelteil der Zunge relativ weit unten, bei *Kiefer* dagegen
> nach oben zum harten Gaumen (lat. Palatum) angehoben.

Ein Konsonant wird ... – hart gesprochen, wenn er am Wortende steht oder wenn danach
а, о, у, э, ы oder ъ folgt (1).
– weich gesprochen, wenn danach я, ё, ю, е, и oder ь folgt (2).

1. мáма   аллó   футбóл   лю́бит
   [mámə]   [ɐlló]   [fʊtból]   [lʲúbiıt]

2. и́мя   лёгкий   футбóльный   люби́ть
   [ímʲa]   [lʲóxʲkʲiı]   [fʊtbólʲnʲiı]   [lʲʊbʲítʲ]

Kombination von Konsonanten

– In здрáвствуйте spricht man das erste в nicht: [zdrástvʊjtiı]
– жч wird wie ein langes [щ] gesprochen: мужчи́на → му[щ]и́на [mʊʃːínə].
– сч spricht man wie ein langes [щ]: счёт → [щ]от [ʃːot], с чем → [щ]ем [ʃːɛm].
– зж wird wie langes [ж] gesprochen: с женóй → [з] женóй → [ж]енóй [ʒːinój],
  без жены́ → бе[ж]ены́ [bʲɛʒːiní].
– ч in что und конéчно spricht man wie [ш]: [ш]то [ʃtɔ], конé[ш]но [kɐnʲéʃnə].
– г vor к klingt in einigen Wörtern wie [х]: лёгкий → лё[х]кий [lʲóxʲkʲiı].
– Doppelte Konsonanten nach einer betonten Silbe werden lang gesprochen:
  А́нна [ánːə], кáсса [kásːə].

Weitere Regeln

Die Buchstabenkombinationen нг und нк spricht man nicht wie in *England* bzw. *Bank*, sondern
wie in *Angebot* bzw. *Ankunft*: банк [bank], А́нглия [ánglʲiıjə].
Das г in den Genitivformen der Pronomen und Adjektive (*m* und *n*) und anderen davon
abgeleiteten Wörtern spricht man als [в].
егó → е[в]о, сегóдня → се[в]одня, ничегó → ниче[в]о
[jivó]   [sʲivódiınʲə]   [nʲiıtʃivó]

1.2. Vokale

Übersicht

Die russischen Vokale [a, o, u, e, i und ы] werden   а, о, у, э, ы
durch die folgenden Buchstaben wiedergegeben: я, ё, ю, е, и

Die Buchstaben der unteren Reihe (außer и) werden mit einem [j] gesprochen:
– am Wortanfang: я → [ja], éвро → [je]вро [jévrə]
– nach einem Vokal: моя́ → мо[ja] [mɐjá], моё → мо[jo] [mɐjó]
– nach ь und ъ: компью́тер → компь[jу]тер [kɐmpʲiútɛr], семья́ → семь[ja] [sʲiımʲijá],
                      объéкт → объ[je]кт [ɐbjékt]

76   сéмьдесят шесть

Stehen die Buchstaben der unteren Reihe nach einem Konsonanten, weisen sie auf dessen Palatalität (*Weichheit*) hin: Вéра [vi̯érə], идёте [ɪdi̯ótʲi], смотрю́ [smɐtri̯ʊ́], тебя́ [tʲɪbi̯á].

Betonte Vokale
Einen betonten Vokal spricht man halblang, auch wenn danach mehrere Konsonanten folgen: кни́га, кácca, здрáвствуй.

Das betonte o spricht man immer als offenen Laut wie in „offen": он [ɔn], онó [ɐnó].

Unbetonte Vokale
Die unbetonten Vokale werden in Abhängigkeit ihrer Lage zur betonten Silbe unterschiedlich stark „reduziert", also leicht verändert.

a und o – direkt vor der betonten Silbe und im Anlaut kurzer a-ähnlicher Laut:
     Лари́са [lɐri̯ísə], Бори́с [bɐri̯ís], Антóн [ɐntón], Олéг [ɐli̯ék]
    – in anderen Silben: stark reduzierter Laut ähnlich e in *ich habe*:
     Свéта [svi̯étə], Ви́ктор [vi̯íktər]

и   – unbetont: kurz wie in Ивáн [ɪván], Владими́р [vlɐdʲími̯ɪr]

e   – unbetont: kurz und reduziert zu [и] wie in Екатери́на [ɪ̯kətʲɪri̯ínə]
    bzw. [и] wie in Петрóвна [pʲɪtróvnə]

я   – vor der betonten Silbe: [jи] wie in язы́к [ɪ̯ɪzík] bzw. [и] wie in пятнáдцать [pʲɪtnátsətʲ]
    – nach der betonten Silbe ähnlich e in *ich habe:* Кáтя [kátʲə]

Aussprache der Vokale nach Zischlauten
Nach ж, ш und ц:
– betontes и wie [ы]:   пассажи́р → пассаж[ы́]р [pəsɐʒír]
                  цирк   → ц[ы]рк [tsirk]
– betontes e wie [э]:   центр   → ц[э]нтр [tsɛntr]
                   шеф   → ш[э]ф [ʃɛf]
– unbetontes e wie [ы]: женá   → ж[ы]нá [ʒiná]

Nach ч und щ:
– unbetontes a vor betonter Silbe reduziert als kurzer i-ähnlicher Laut: часá → ч[и]сá [tʃʲɪsa]
– ё spricht man wie [o]: счёт → [що]т [ʃʲːɔt], о чём → о ч[о]м [ɐtʃʲóm]

1.3. Wichtige Betonungsregeln
Im Russischen kann der Wortakzent auf einer beliebigen Silbe liegen. Daher ist es wichtig, sich die Betonung eines Wortes und seiner Formen mit einzuprägen. Merken Sie sich außerdem die folgenden „Faustregeln":

Endbetonung
– Endet ein männliches Adjektiv auf -ой, so ist es in allen seinen Formen (Genus, Kasus und Numerus) endbetont (z. B. большóй, большáя, большóе).
– Einige Pronomen sind endbetont: меня́; тебя́, тебé, с тобóй; онó, егó, емý; онá; моегó; твоегó; моя́, мою́; твоя́, твою́; когó, комý; чегó, чемý.
– Endbetont sind u. a. diese häufig gebrauchten Adverbien: когдá, тогдá, иногдá, всегдá, кудá, покá, вчерá, сейчáс, тепéрь, ужé.

Träger der Betonung: ё
Das ё ist immer betont: чёрный, живёшь, идёшь. Es wird jedoch in der Regel in schriftlicher Form, außer in Wörterbüchern und Lehrwerken, als e wiedergegeben.

сéмьдесят семь   **77**

o / e nach Zischlauten und nach ц

Nach den Zischlauten (ж, ч, ш, щ) und nach ц steht in betonten Silben fast immer -o-, in unbetonten dagegen -e-, z.B.:
с врачо́м, продавцо́м, госпожо́й / с не́мцем, учи́тельницей, продавщи́цей.

1.4. Wortbindung

Mehrere Wörter hintereinander werden oft zusammengezogen und wie ein Wort gesprochen:
о литерату́ре, о ко́м, о чём, у меня́, от Андре́я.

Die Präpositionen sind dabei in der Regel unbetont (siehe dazu *1.2 Vokale*).

2. Rechtschreibung Орфогра́фия

Mit Ausnahme der Eigennamen von Personen, Orten, Flüssen u.ä. werden im Russischen alle Wörter kleingeschrieben. In Briefen schreibt man die direkte Anrede Вы groß, wie im Deutschen das *Sie*.

Nach г, к, х und den Zischlauten (ж, ч, ш, щ) schreibt man nie ы, sondern immer и, z.B.:
у подру́ги, ру́сский, из По́льши.

Nach den Zischlauten (ж, ч, ш, щ) und ц stehen nie ю bzw. я, sondern у bzw. а, z.B.:
я учу́ → они́ у́чат.

3. Intonation Интона́ция

Die Intonation spielt im Russischen eine weitaus wichtigere Rolle als im Deutschen. So kann man zum Beispiel nur durch die Stimmführung entscheiden, ob es sich um eine Entscheidungsfrage oder eine Aussage handelt (siehe dazu *12. Der Satzbau*).

3.1. Aussagesatz
Absinken der Stimme über der betonten Silbe des sinntragenden Wortes

Э́то Мари́на.
Das ist Marina.

Ива́н живёт в Москве́.
Iwan wohnt in Moskau.

3.2. Fragesatz
Entscheidungsfrage (Fragesatz ohne Fragewort)
Ansteigen der Stimme über der betonten Silbe des sinntragenden Wortes, danach Absinken

Э́то Мари́на?
Ist das Marina?

Ива́н живёт в Москве́?
Wohnt Iwan in Moskau?

Ergänzungsfrage (Fragesatz mit Fragewort)
Verstärkung der betonten Silbe des sinntragenden Wortes, danach Absinken der Stimme

Кто э́то?
Wer ist das?

Како́й сего́дня день?
Welcher Tag ist heute?

Где Мари́на?
Wo ist Marina?

Как он игра́л?
Wie hat er gespielt?

Fortsetzungsfrage (Fragesatz mit der Konjunktion a)

Ansteigen der Stimme über der betonten Silbe des sinntragenden Wortes und Halten auf diesem Niveau

А кто э́то?
Und wer ist das?

А вы?
Und ihr / Sie?

3.3. Ausruf

Hervorheben zweier Wörter, die für den Sprecher den Sinn des Ausrufs tragen: Ansteigen der Stimme über der betonten Silbe des ersten Wortes, Halten der Stimme auf hohem Niveau bis zur betonten Silbe des zweiten sinntragenden Wortes, danach Absinken der Stimme

Како́й сего́дня день!
Was für ein Tag heute ist!

Как он игра́л!
Wie er gespielt hat!

3.4. Bestimmung des sinntragenden Wortes

Von der Intonation hängt auch stark der Sinn eines Satzes oder einer Frage ab. Es ist also wichtig zu entscheiden, welches Wort diesen Sinn trägt. Dieses Wort wird deutlich stärker betont und über seiner betonten Silbe steigt der Ton an oder fällt ab.

Я зна́ю, **что** она́ лю́бит чита́ть.
Ich weiß, **was** sie gern liest.

Я зна́ю, что она́ лю́бит **чита́ть**.
Ich weiß, dass sie gern **liest**.

Вы бы́ли в **теа́тре**?
Waren Sie im **Theater**?

Вы **бы́ли** в теа́тре?
Waren Sie im Theater? / Sie **waren** im Theater?

4. Substantiv И́мя существи́тельное

4.1. Genus

Im Russischen gibt es wie im Deutschen drei Geschlechter. Allerdings stimmt das Genus eines Substantivs im Russischen und Deutschen nicht unbedingt überein. Das Geschlecht eines russischen Substantivs lässt sich (bei einigen Ausnahmen) an seiner Nominativ-Endung erkennen.

Maskulina	Feminina	Neutra
Konsonant („endungslos"): го́ро**д**	**-а**: кни́г**а**	**-о**: блю́д**о**
-й: ча**й**	**-я**: кофе́йн**я**	**-е**: мо́р**е**
-ь: рубл**ь**	**-ия**: фотогра́ф**ия**	**-ие**: заня́т**ие**
	-ь: национа́льност**ь**	**-мя**: и́**мя**

Einige maskuline Substantive, die männliche Personen bezeichnen, haben die Endung -a: мужчи́на, па́па, де́душка.

Manche Substantive sind von Adjektiven abgeleitet und werden wie Adjektive dekliniert: ру́сский, столо́вая (siehe dazu *5. Adjektiv*).

се́мьдесят де́вять **79**

4.2. Kasus / Numerus / Deklination

Neben den Fällen Nominativ, Genitiv, Dativ und Akkusativ gibt es im Russischen noch den Instrumental (5. Fall) und den Präpositiv (6. Fall).

Man unterscheidet drei Deklinationstypen:
– Die I. Deklination wird auf Maskulina und Neutra angewendet.
– Die II. Deklination gilt für Feminina und die kleine Gruppe der Maskulina auf -a (siehe *4.1. Genus*).
– Die III. Deklination (*i-Deklination*) umfasst Substantive aller drei Geschlechter. Sie wird im Folgeband Отлично! A2 behandelt.

Deklination Singular

	I. Deklination				II. Deklination		
	m			*n*	*f / m*		*f*
	–	-ь	-й	-о	-а	-я	-ия
Nom.	студе́нт	рубль	музе́й	вино́	конфе́та	кофе́йня	сту́дия
Gen.	студе́нта	рубля́	музе́я	вина́	конфе́ты	кофе́йни	сту́дии
Dat.	студе́нту	рублю́	музе́ю	вину́	конфе́те	кофе́йне	сту́дии
Akk.	студе́нта	рубль	музе́й	вино́	конфе́ту	кофе́йню	сту́дию
Instr.	студе́нтом	рублём	музе́ем	вино́м	конфе́той	кофе́йней	сту́дией
Präp.	студе́нте	рубле́	музе́е	вине́	конфе́те	кофе́йне	сту́дии

Deklination Plural

	I. Deklination				II. Deklination		
	m			*n*	*f / m*		*f*
	–	-ь	-й	-о	-а	-я	-ия
Nom.	студе́нты	рубли́	музе́и	ви́на	конфе́ты	кофе́йни	сту́дии
Gen.	студе́нтов	рубле́й	музе́ев	вин	конфе́т	кофе́ен	сту́дий
Dat.	студе́нтам	рубля́м	музе́ям	ви́нам	конфе́там	кофе́йням	сту́диям
Akk.	студе́нтов	рубли́	музе́и	ви́на	конфе́ты	кофе́йни	сту́дии
Instr.	студе́нтами	рубля́ми	музе́ями	ви́нами	конфе́тами	кофе́йнями	сту́диями
Präp.	студе́нтах	рубля́х	музе́ях	ви́нах	конфе́тах	кофе́йнях	сту́диях

Hinweise zur Deklination

Im Russischen unterscheidet man Substantive nach den Kategorien *belebt* (alle Personen und Tiere) und *unbelebt* (alle anderen). Im Singular gilt die Unterscheidung nur für maskuline Substantive, im Plural für maskuline und feminine.

Der Akkusativ der belebten Substantive ist gleich dem Genitiv, der Akkusativ der unbelebten gleich dem Nominativ. Dies gilt auch für die Possessivpronomen, Adjektive und andere Wortarten, die zusammen mit Substantiven stehen.

Einige auf einen Vokal endende Fremdwörter und Eigennamen werden nicht dekliniert: кафе́, ко́фе, бюро́, интервью́, такси́, шоссе́, шо́у, метро́, Чика́го, Гёте, Шевченко́ etc.

Personen- und Eigennamen werden wie Substantive dekliniert, wenn sie in eines der Deklinationsmuster passen. Weibliche Vor- und Nachnamen, die nicht auf -a enden, dekliniert man nicht: Я зна́ю Катрин / Эльке.

Vokalausfall

Bei maskulinen Substantiven mit dem Suffix -ец entfällt bei der Deklination das -e-:
продаве́ц → продавца́ → о продавце́, не́мец → не́мца → о не́мце.

Bei maskulinen Substantiven mit dem Suffix -ок entfällt bei der Deklination das -o-:
пода́рок → пода́рка → о пода́рке, ры́нок → ры́нка → о ры́нке.

Vokaleinschub

Bei Substantiven der II. Deklination mit dem Suffix -ка wird im Genitiv Plural ein -o- bzw.
ein -e- eingeschoben: ма́рка → ма́рок, ба́бушка → ба́бушек.
(siehe dazu *1.3. Wichtige Betonungsregeln*)

Bei Substantiven der I. und II. Deklination (Neutra und Feminina) mit einer Konsonantenhäufung
am Stammende erfolgt im Genitiv Plural der Einschub eines -o- bzw. eines -e-:
ку́кла → ку́кол, письмо́ → писем

4.3. Kasusgebrauch

Genitiv bei Zahlen und Mengen

Im Russischen verlangen Grundzahlwörter verschiedene Fälle.

1	+ Nominativ	оди́н литр, одно́ яйцо́, одна́ конфе́та
2, 3, 4	+ Genitiv Singular	два / три / четы́ре ли́тра / яйца́; две / три / четы́ре конфе́ты
5–20	+ Genitiv Plural	пять → два́дцать ли́тров, яиц, конфе́т

Dies gilt auch für die weiteren zusammengesetzten Zahlen:
21 литр, 22–24 ли́тра, 25–30 ли́тров ...

Benennt man einen Teil einer Menge, die aus einem Stück besteht, wird der Genitiv Singular
verwendet: кусо́к сы́ра, 200 гр. колбасы́. Bezeichnet man den Teil einer Menge aus vielen
Einzelstücken, steht der Genitiv Plural: полкило́ я́блок, 300 гр. конфе́т.

Die unbestimmten Zahlwörter (z. B. мно́го, ма́ло, не́сколько, ско́лько) verlangen immer
den Genitiv Plural.

Genitiv zur Verneinung der Existenz und zum Ausdruck von Abwesenheit

Das verneinte Wort steht im Genitiv.

У меня́ нет бра́та / сестры́.	Ich habe keinen Bruder / keine Schwester.
Меня́ не бу́дет.	Ich werde nicht da sein.
Бори́са не́ было на заня́тии.	Boris war nicht im Unterricht.

Dativ zur Altersangabe

Bei der Altersangabe steht die Person im Dativ.

Ско́лько лет Еле́не?	Wie alt ist Jelena?
Ей 25 лет.	Sie ist 25 Jahre.

во́семьдесят оди́н **81**

Nominativ und Akkusativ zur Zeitangabe

– Wochentage: в + Akkusativ

Какóй день?	Welcher Tag?	Когдá? / В какóй день?	Wann? / An welchem Tag?
понедéльник	Montag	в понедéльник	am Montag
срéда	Mittwoch	в срéд**у**	am Mittwoch
воскресéнье	Sonntag	в воскресéнье	am Sonntag

– Uhrzeit: в + Akkusativ

Котóрый час?	Wie viel Uhr?	Когдá? / Во скóлько?	Wann? / Um wie viel Uhr?
час	ein Uhr	в час	um eins
три часá	drei (Uhr)	в три часá	um drei (Uhr)
5 часóв 30 минýт	5.30 Uhr	в 5 часóв 30 минýт	um 5.30 Uhr

Für die Wörter nach Zahlen gelten die Regeln zu den Zahlenangaben (siehe oben).

Instrumental mit und ohne Präposition

Bei Handlungen, die eine Gemeinsamkeit ausdrücken, wird die Präposition с verwendet, z. B. игрáть с брáтом, говорúть с мéнеджером etc. Nach Verben mit der Bedeutung *sein*, *gelten als*, *dienen als*, *arbeiten als* steht der Instrumental ohne Präposition, z. B. рабóтать инженéром, быть адвокáтом.

Я бýду / был адвокá**том**.	Ich werde Anwalt sein / war Anwalt.
Aber: Я адвокáт.	Ich bin Anwalt.

5. Adjektiv Úмя прилагáтельное

5.1. Kasus / Numerus / Deklination
Deklination Singular

Endung	m	f	n	nach Zischlaut, Endung unbetont		
				m	f	n
	-ый, -ий, -ой	**-ая**	**-ое**	**-ий**	**-ая**	**-ее**
Nom.	стáр**ый**	стáр**ая**	стáр**ое**	хорóш**ий**	хорóш**ая**	хорóш**ее**
Gen.	стáр**ого**	стáр**ой**	стáр**ого**	хорóш**его**	хорóш**ей**	хорóш**его**
Dat.	стáр**ому**	стáр**ой**	стáр**ому**	хорóш**ему**	хорóш**ей**	хорóш**ему**
Akk.	Nom./ стáр**ого**	стáр**ую**	стáр**ое**	Nom./хорóш**его**	хорóш**ую**	хорóш**ее**
Instr.	стáр**ым**	стáр**ой**	стáр**ым**	хорóш**им**	хорóш**ей**	хорóш**им**
Präp.	стáр**ом**	стáр**ой**	стáр**ом**	хорóш**ем**	хорóш**ей**	хорóш**ем**

Adjektive stimmen sowohl in Genus, Kasus und Numerus als auch hinsichtlich des Merkmals *Belebtheit / Unbelebtheit* (siehe *4.2. Deklination → Hinweise*) mit dem zu bestimmenden Substantiv überein.
Bei einem Adjektiv, das ein *unbelebtes* Substantiv bestimmt, ist der Akkusativ gleich dem Nominativ.

Я знáю рýсск**ий** ресторáн.	Ich kenne ein russisches Restaurant. (Akkusativ, unbelebt)
Я знáю рýсск**ого** áвтора.	Ich kenne einen russischen Autor. (Akkusativ, belebt)

82 вóсемьдесят два

5.2. Von Substantiven abgeleitete Adjektive

Von manchen Substantiven kann man Adjektive ableiten, indem man an
den Wortstamm ein -н- und die entsprechende Adjektivendung anhängt.

компью́тер + н + ый → компью́терный

газе́та + н + ый → газе́тный

футбо́л + ь + н + ый → футбо́льный

6. Pronomen Местоиме́ние

6.1. Personalpronomen

Nom.	я	ты	он	она́	оно́	мы	вы	они́
Gen.	меня́	тебя́	(н)его́	(н)её	(н)его́	нас	вас	(н)их
Dat.	мне	тебе́	(н)ему́	(н)ей	(н)ему́	нам	вам	(н)им
Akk.	меня́	тебя́	(н)его́	(н)её	(н)его́	нас	вас	(н)их
Instr. (с)	мной	тобо́й	(н)им	(н)ей	(н)им	на́ми	ва́ми	(н)и́ми
Präp. (о)	мне	тебе́	нём	ней	нём	нас	вас	них

Steht vor dem Personalpronomen eine Präposition, wird bei den Formen der 3. Person
ein н- vorangestellt, z. B. его́ зову́т → у **н**его́, от **н**её, к **н**ему́, с **н**и́ми.

6.2. Possessivpronomen

	m	*f*	*n*	*m*	*f*	*n*
Nom.	мой	моя́	моё	наш	на́ша	на́ше
Gen.	моего́	мое́й	моего́	на́шего	на́шей	на́шего
Dat.	моему́	мое́й	моему́	на́шему	на́шей	на́шему
Akk.	мой / моего́	мою́	моё	наш / на́шего	на́шу	на́ше
Instr. (с)	мои́м	мое́й	мои́м	на́шим	на́шей	на́шим
Präp. (о)	моём	мое́й	моём	на́шем	на́шей	на́шем

Die Deklination von твой, твоя́, твоё erfolgt analog zu мой, моя́, моё, die von ваш, ва́ша,
ва́ше analog zu наш, на́ша, на́ше. Die hier grau dargestellten Singularformen und die Plural-
formen der Possessivpronomen sowie die Possessivpronomen der dritten Person werden im
Folgeband Отли́чно! A2 behandelt.

Die Possessivpronomen stimmen sowohl in Genus, Kasus und Numerus als auch hinsichtlich
des Merkmals Belebtheit / Unbelebtheit mit dem zu bestimmenden Substantiv überein.
(siehe *4.2. Deklination → Hinweise und 5. Adjektiv*)

6.3. Interrogativpronomen und Demonstrativpronomen
кто und что

Nom.	кто	что
Gen.	кого́	чего́
Dat.	кому́	чему́
Akk.	кого́	что
Instr.	(с) кем	(с) чем
Präp.	(о) ком	(о) чём

во́семьдесят три **83**

како́й, кака́я, како́е und тако́й, така́я, тако́е

Die Interrogativpronomen (Fragepronomen) како́й, кака́я, како́е und die Demonstrativpronomen тако́й, така́я, тако́е werden wie Adjektive dekliniert und stimmen sowohl in Genus, Kasus und Numerus als auch hinsichtlich des Merkmals *Belebtheit / Unbelebtheit* mit dem Substantiv überein, auf das sie sich beziehen: како́й / тако́й специали́ст, кака́я / така́я профе́ссия, како́е / тако́е выступле́ние.

7. Präposition Предло́г

7.1. Alphabetische Übersicht

Präpositionen werden in jeder Sprache unterschiedlich verwendet. Eine direkte Übersetzung ist nicht immer möglich, zudem können sich die Bedeutungen überschneiden. Hier sind die wichtigsten deutschen Entsprechungen angeführt. Lernen Sie Präpositionen mit Beispielen!

Präposition	+ Kasus	Deutsche Entsprechung	Hinweise zur Verwendung	Beispiel
без	Genitiv	*ohne*		Он **без** рабо́ты.
в(о)	Akkusativ	*in, nach*	Richtung (куда́?)	Он идёт **в** шко́лу.
		—	„spielen" (Sport, Spiele)	Она́ игра́ет **в** футбо́л / **в** ка́рты.
		am	Angabe eines Wochentages	**в** сре́ду
	Präpositiv	*um*	Zeitangabe	**в** три часа́
		in, auf, im	Ortsangabe (где?)	Мы **в** Москве́.
для	Genitiv	*für*	für etwas / jdn. Konkretes	Э́то кни́га **для** сы́на.
до	Genitiv	*bis*		**До** среды́!
за	Akkusativ	*für*	Zweck, Interesse	Я **за** Росси́ю.
			Ursache	Спаси́бо **за** кни́гу.
			Gegenwert	Я купи́л э́то **за** 30 рубле́й.
из	Genitiv	*aus*		Ле́на **из** Москвы́.
к(о)	Dativ	*zu*		Он идёт **к** дире́ктору.
на	Akkusativ	*in, auf, zu*	Richtung (куда́?)	Он идёт **на** дискоте́ку.
	Präpositiv	*in, auf*	Ortsangabe (где?)	Они́ **на** конце́рте.
		— (auf)	„spielen" (Instrument)	Она́ игра́ет **на** гита́ре.
о(б/бо)	Präpositiv	*über / von*	„über / von etwas / jemanden berichten"	Я пишу́ **о** Москве́.
		an	„an etwas / jemanden denken"	Я ду́маю **о** рабо́те.
от	Genitiv	*von*		Приве́т **от** подру́ги.
по	Dativ	*von, nach*		**По** профе́ссии я инжене́р.
по́сле	Genitiv	*nach*	zeitlich	**По́сле** рабо́ты я иду́ домо́й.
ря́дом с(о)	Instrumental	*neben*		Я стою́ **ря́дом с** Ле́ной.
с(о)	Instrumental	*mit*		Я говорю́ **с** тобо́й.
у	Genitiv	*bei, an*	örtlich	Он **у** меня́, а не на рабо́те.
		—	etwas haben	**У** меня́ есть до́чка.

Tritt am Wortanfang eine Häufung von Konsonanten auf, so wird an eine davor stehende Präposition oftmals ein -o angefügt: в**о** ско́лько, в**о** вто́рник, с**о** мно́й, к**о** мне́.

84   во́семьдесят четы́ре

7.2. Übersicht nach Fällen

Genitiv: без, для, до, из, от, по́сле, у
Dativ: к(о), по
Akkusativ: в(о), на, за
Instrumental: с(о), ря́дом с(о)
Präpositiv: в(о), на, о(б)

7.3. Verwendung von в und на

Die meisten Ortsangaben erfolgen mit der Präposition в, z. B.:

Städte und Länder: в Москве́, в Ли́пецке, в Ива́нове, в Росси́и
Bildungseinrichtungen: в университе́те, в шко́ле, в институ́те etc.

Vor folgenden Arten von Substantiven steht jedoch in der Regel die Präposition на:
– Straßenbezeichnungen: на бульва́ре, на проспе́кте, на у́лице, на шоссе́
– einigen Arbeitsstätten: на заво́де, на по́чте, на стадио́не, на фа́брике, на фи́рме
– „Veranstaltungen": на вечери́нке, на вы́ставке, на дискоте́ке, на заня́тии,
на конце́рте, на рабо́те, на уро́ке

Dies gilt analog für die Richtungsangabe unter Verwendung des Akkusativs.

8. Verb Глаго́л

Bei der Bildung der einzelnen Verbformen geht man vom Infinitiv- beziehungsweise vom Präsensstamm aus.

Den **Infinitivstamm** benötigt man zur Bildung des Präteritums (siehe *8.5. Präteritum*). Man erhält ihn, indem man die Endung des Infinitivs wegstreicht: зна-ть, говори-ть. Um den **Präsensstamm** zu erhalten, können Sie von der 3. Person Plural ausgehen: зна-ют, говор-ят. Auf seiner Grundlage werden die Formen des Imperativs (siehe *8.6. Imperativ*) gebildet.

8.1. e- und i-Konjugation

Der Infinitiv der Verben endet in der Regel auf -ть. Man unterscheidet die *e-Konjugation*, die *i-Konjugation* und einige unregelmäßige Verben. Die meisten Verben auf -ать und -еть gehören zur e-Konjugation. Zur i-Konjugation zählen Verben auf -ить sowie einige auf -еть und -ать.

		e-Konjugation	i-Konjugation
		зна-ть kennen, wissen	говор-и́ть sprechen
Singular	я	зна́-**ю**	говор-**ю́**
	ты	зна́-**ешь**	говор-**и́шь**
	он она́ оно́	зна́-**ет**	говор-**и́т**
Plural	мы	зна́-**ем**	говор-**и́м**
	вы	зна́-**ете**	говор-**и́те**
	они́	зна́-**ют**	говор-**я́т**

во́семьдесят пять **85**

Zur e-Konjugation zählen auch Verben mit betonten Endungen.

жить leben → я живу́, ты живёшь, он / она́ живёт, мы живём, вы живёте, они́ живу́т

Bei Verben der i-Konjugation, deren Präsensstamm auf б, в, м oder п endet, wird in der 1. Person Singular ein -л- eingeschoben.

гото́вить zubereiten → я гото́влю, ты гото́вишь, …
люби́ть lieben, mögen → я люблю́, ты лю́бишь, …

Bei der Konjugation einiger Verben ergeben sich Veränderungen im Stammauslaut.

д → ж (1. Person Singular)
ходи́ть gehen → я хожу́, ты хо́дишь, …, они́ хо́дят

з → ж / с → ш (alle Personen)
сказа́ть sagen → я скажу́, ты ска́жешь, …, они́ ска́жут
писа́ть schreiben → я пишу́, ты пи́шешь, …, они́ пи́шут

8.2. Unregelmäßige Verben

брать nehmen → я беру́, ты берёшь, …, они́ беру́т → брал, брала́, бра́ло, бра́ли
быть sein → я бу́ду, ты бу́дешь, …, они́ бу́дут → был, была́, бы́ло, бы́ли
идти́ gehen → я иду́, ты идёшь, …, они́ иду́т → шёл, шла, шло, шли
хоте́ть wollen → я хочу́, ты хо́чешь, он хо́чет, мы хоти́м, вы хоти́те, они́ хотя́т
→ хоте́л, хоте́ла, хоте́ло, хоте́ли

8.3. Hilfsverb *sein*

Im Russischen gibt es keine Entsprechungen für die Präsensformen von *sein* (ich *bin*, du *bist* …). Bei der Übersetzung ins Deutsche muss man daher die jeweilige Form (*bin*, *bist*, *ist* …) einsetzen.

Кто ты?   Это Мари́на.
Wer **bist** Du?   Das **ist** Marina.

8.4. Verben der Bewegung: идти́ / ходи́ть

Im Russischen gibt es 14 Verbpaare, die verschiedene Arten von Fortbewegung bezeichnen. Die beiden Verben eines jeden Paares unterscheiden sich darin, dass sie eine *zielgerichtete* oder eine *nicht zielgerichtete* Bewegung ausdrücken.

gehen / kommen	Bewegung ist …	Signalwörter	
идти́	… zielgerichtet	сейча́с	Я (сейча́с) иду́ в теа́тр. Ich gehe (jetzt) ins Theater. Вы отку́да идёте? Woher kommen Sie (gerade)?
ходи́ть	… nicht zielgerichtet („hin und her" „kreuz und quer" „hin und zurück") … generell / oft	ча́сто ре́дко иногда́ люби́ть	Он ча́сто хо́дит в теа́тр. Er geht oft ins Theater. В кино́ я давно́ уже́ не хожу́. Ich gehe schon lange nicht mehr ins Theater. Я люблю́ ходи́ть в теа́тр. Ich gehe gern ins Theater.

8.5. Präteritum

Die Infinitiv-Endung -ть wird im Singular durch die Endungen -л (*m*), -ла (*f*), -ло (*n*) und im Plural durch -ли ersetzt.

Я ру́сский, но я мно́го чита́л о Берли́не. / Я не́мка, но я три го́да жила́ в Москве́. / Э́то бы́ло интере́сно. / Вы зна́ли, что он в Москве́?

8.6. Imperativ

Den Imperativ bildet man ausgehend vom Präsensstamm eines Verbs
(Form 3. Person Plural ohne die Personalendung).

1. Endet der Stamm auf einen Vokal, wird die Imperativendung -й / -йте angehängt.
2. Endet der Stamm auf einen Konsonanten, ergänzt man -и / -ите,
   wobei das -и- in der Regel betont ist.
3. Liegt die Betonung im Verb vor der Endung, so hängt man in der
   Regel die Endung -ь / -ьте an.

Infinitiv	3. Person Pl.	Imperativ Sg.	Imperativ Pl.
1. чита́ть	чита́-ют	чита́**й**	чита́**йте**
2. идти́	ид-у́т	ид**и́**	ид**и́те**
3. гото́вить	гото́в-ят	гото́в**ь**	гото́в**ьте**

Einige häufig gebrauchte Infinitive: Извини́те! Скажи́те! Повтори́те!

9. Adverb Наре́чие

Mithilfe von Adverbien werden Verben, Adjektive, Substantive und andere
Adverbien näher bestimmt. Adverbien sind nicht deklinierbar.

Он **отли́чно** зна́ет ру́сский язы́к.
Он **давно́** живёт в Москве́.
Э́то **о́чень** интере́сная кни́га.

9.1. Übersicht

Adverbien lassen sich nach ihrer Bedeutung gruppieren.

Art und Weise	как, так, отли́чно, хорошо́, пло́хо, регуля́рно, ме́дленно, прия́тно, пра́вильно, до́рого, пря́мо, по-неме́цки, по-ру́сски, вме́сте …
Ort / Richtung	где, отку́да, куда́, здесь, там, сле́ва, спра́ва, до́ма, нале́во, напра́во, ря́дом …
Zeit	когда́, тогда́, сейча́с, сего́дня, за́втра, вчера́, ра́ньше, пото́м, давно́, уже́, пока́ …
Maß und Grad	ско́лько, то́же, мно́го, ма́ло, немно́го, совсе́м, совсе́м не, почти́, о́чень …
Grund und Zweck	почему́, поэ́тому …

во́семьдесят семь **87**

9.2. Abgeleitete Adverbien

Adverbien können von Adjektiven abgeleitet werden …

… durch die Endung -о

хоро́ший → хорошо́
плохо́й → пло́хо
интере́сный → интере́сно
пра́вильный → пра́вильно

… durch die Vorsilbe по- und die Endung -и

неме́цкий → **по**-неме́ц**ки**
ру́сский → **по**-ру́сс**ки**

10. Modalwörter Мода́льные слова́: ну́жно / на́до und мо́жно

Die Modalwörter ну́жно / на́до und мо́жно drücken in Verbindung mit einem Verb eine *Möglichkeit*, eine *Erlaubnis* oder eine *Notwendigkeit* aus. Sie können unpersönlich verwendet werden (a). Im Deutschen gibt man sie z. T. auch als „persönliche" Wendungen wieder. In diesen Wendungen steht im Russischen der Handlungsträger im Dativ (b).

1. Möglichkeit
a) Чита́ть мо́жно до́ма, в библиоте́ке, в метро́ ...
   Lesen kann man zu Hause, in der Bibliothek, in der Metro ...
b) Тепе́рь **мне** мо́жно звони́ть.
   Nun kann ich telefonieren.

2. Erlaubnis
a) Мо́жно посмотре́ть?
   Kann / darf man sich das einmal anschauen?
   → Kann / darf ich mir das einmal anschauen?
b) Мо́жно **мне** посмотре́ть самова́р?
   Kann / darf ich mir den Samowar einmal anschauen?

3. Notwendigkeit
a) На́до посмотре́ть.
   Das muss man sich anschauen.
   → Das muss ich mir anschauen!
b) Ири́н**е** ну́жно идти́.
   Irina muss gehen.

11. Konjunktionen Сою́зы

Konjunktionen verbinden Satzglieder oder Wortgruppen zu einem Satz.

а und / aber
Э́то Ири́на, **а** э́то Ле́на.
Das ist Irina, **und** das ist Lena.

Я иду́ на конце́рт, **а** он идёт в кино́.
Ich gehe ins Konzert **und** (/ **aber**) er geht ins Kino.

и und
Я зна́ю Ири́ну **и** Ле́ну.
Ich kenne Irina **und** Lena.

Мы говори́м о Росси́и **и** мы чита́ем по-ру́сски.
Wir sprechen über Russland **und** wir lesen Russisch.

когда́ als / wenn

Я не ду́маю о рабо́те, **когда́** я до́ма. (Präsens)
Ich denke nicht an die Arbeit, **wenn** ich zu Hause bin.
Когда́ я бу́ду в Росси́и, я обяза́тельно куплю́ матрёшку. (Futur)
Wenn ich in Russland bin, kaufe ich auf jeden Fall eine Matrjoschka.
Когда́ меня́ не бы́ло до́ма, де́ти ча́сто звони́ли мне. (Präteritum)
Als ich nicht zu Hause war, haben die Kinder mich oft angerufen.

не ..., а nicht …, sondern

Э́то **не** Ири́на, **а** Ле́на.   Я зна́ю **не** ру́сский, **а** англи́йский (язы́к).
Das ist **nicht** Irina, **sondern** Lena.   Ich kann **kein** Russisch, **sondern** Englisch.

не то́лько ..., но и nicht nur, ... sondern auch

Я говорю́ **не то́лько** по-ру́сски, **но и** по-францу́зски.
Ich spreche **nicht nur** Russisch, **sondern auch** Französisch.
Мы бы́ли **не то́лько** в Москве́, **но и** в Ту́ле.
Wir waren **nicht nur** in Moskau, **sondern auch** in Tula.

но aber

Я не зна́ю англи́йский язы́к, **но** ру́сский я зна́ю.
Ich kann kein Englisch, **aber** Russisch kann ich.
Я хочу́ чита́ть, **но** у меня́ нет кни́ги.
Ich möchte lesen, **aber** ich habe kein Buch.

что was / dass

Я не зна́ю, **что** она́ чита́ет.   Я зна́ю, **что** она́ чита́ет рома́н Аку́нина.
Ich weiß nicht, **was** sie liest.   Ich weiß, **dass** sie einen Roman von Akunin liest.

12. Satzbau Си́нтаксис

Die Wortfolge im Russischen ist weniger festgelegt als im Deutschen. In Abhängigkeit von der Absicht einer Äußerung kann die Wortstellung von der hier dargestellten abweichen.

12.1. Aussagesatz und Fragesatz ohne Fragewort

Im neutralen Stil steht das Subjekt vor dem Prädikat (1) und das Prädikat wiederum vor dem Objekt (2). Diese Reihenfolge gilt auch für Nebensätze (3).

1. А́нна чита́ет.   Anna liest.
   А́нна чита́ет?   Liest Anna?
   Она́ пи́шет.   Sie schreibt.
   Она́ пи́шет?   Schreibt sie?
2. А́нна чита́ет кни́гу.   Anna liest ein Buch.
   А́нна чита́ет кни́гу?   Liest Anna ein Buch?
   Она́ пи́шет письмо́.   Sie schreibt einen Brief.
   Она́ пи́шет письмо́?   Schreibt sie einen Brief?
3. Я зна́ю, что она́ пи́шет письмо́.   Ich weiß, dass sie einen Brief schreibt.

во́семьдесят де́вять   **89**

12.2. Fragesatz mit Fragewort

Wenn das Subjekt ein Substantiv ist, steht es in einem neutralen Fragesatz mit Fragewort nach dem Prädikat (1). Ein Pronomen als Subjekt steht vor dem Prädikat (2). Dies gilt auch für Nebensätze (3).

1. Что читáет Áнна?	Was liest Anna?
2. Что онá читáет?	Was liest sie?
3. Вы не знаете, что читáет Áнна?	Wissen Sie, was Anna liest?
Вы не знаете, что онá читáет?	Wissen Sie, was sie liest?

12.3. Stellung anderer Satzglieder

Satzglieder, die den Sinn des Satzes tragen oder den größten Informationswert ausmachen, stehen oftmals am Satzanfang oder Satzende, oder sie werden stimmlich besonders hervorgehoben (siehe dazu *3. Intonation*).

Adjektive

Stehen Adjektive vor einem Substantiv, bezeichnen sie dieses als Attribut näher (1). Stehen Sie nach dem Substantiv, sind sie Teil des Prädikats (2).

1. Это óчень **красúвая** матрёшка.	Das ist eine sehr **schöne** Matrjoschka.
2. Матрёшка óчень **красúвая**.	Die Matrjoschka ist sehr **schön**.

Adverbien

In einem objektlosen Satz steht das Adverb oft nach dem Verb (1).
In einem neutralen Aussage- und Fragesatz mit Objekt oder einer Adverbialbestimmung steht das Adverb meist vor dem Verb (2).

1. Онá говорúт **бы́стро**.	Sie spricht **schnell**.
2. Я **хорошó** знáю рýсский язы́к.	Ich kann **gut** Russisch.
Он **хорошó** говорúт по-немéцки?	Spricht er **gut** Deutsch?

Das Adverb тóже trägt immer die Satzbetonung. Es steht meist vor dem zu bestimmenden Wort bzw. der Wortgruppe.

Я **тóже** инженéр.	Ich bin **auch** Ingenieur.
Онá **тóже** живёт в Лúпецке?	Wohnt sie **auch** in Lipezk?
Мы из Гермáнии.	Wir sind aus Deutschland.
→ Онú **тóже** (из Гермáнии).	→ Sie (sind) **auch** (aus Deutschland).

Weitere Adverbialbestimmungen

Adverbialbestimmungen, z. B. der Zeit oder des Ortes, können an einem beliebigen Platz im Satz stehen (1), jedoch nicht zwischen Prädikat und Objekt (2).

1. Что ты де́лал вчера́? — Was hast du gestern gemacht?
   Что ты вчера́ де́лал?
   Я сего́дня иду́ в кино́. — Ich gehe heute ins Kino.
   Оле́г Петро́вич выступа́ет с — Oleg Petrowitsch gibt ein Konzert
     концерто́м в консервато́рии.   im Konservatorium.
   В консервато́рии сего́дня — Im Konservatorium gibt es
     бу́дет конце́рт.   heute ein Konzert.

2. Вчера́ я чита́л газе́ту. — Gestern habe ich Zeitung gelesen.
   Я вчера́ чита́л газе́ту. — Ich habe gestern Zeitung gelesen.
   Я чита́л газе́ту вчера́. — Ich habe die Zeitung gestern gelesen.
   Он до́лго слу́шал му́зыку. — Er hat lange Musik gehört.
   В три часа́ она́ смотре́ла телеви́зор. — Um drei Uhr hat sie ferngesehen.

Partikel не (Verneinung)

Die Partikel не steht immer vor dem zu verneinenden Satzglied.

Я **не** чита́ю. — Ich lese **nicht**.
Я ничего́ **не** чита́ю. — Ich lese **nichts**.
Мы у́чим **не** то́лько грамма́тику. — Wir lernen **nicht** nur Grammatik.
Э́то **не** пельме́ни. — Das sind **keine** Pelmeni.

девяно́сто оди́н   **91**

Lektionswortschatz

In diesem Lektionswortschatz finden Sie zu jeder Aufgabe die neuen Wörter bzw. Ausdrücke in chronologischer Reihenfolge. Der Wortschatz aus den Arbeitsanweisungen ist davon ausgenommen. Die grau gekennzeichneten Einträge sind nicht Bestandteil des aktiven Wortschatzes. Sie tauchen daher eventuell ein zweites Mal auf, wenn sie in einer späteren Aufgabe vorkommen. Aus dem Arbeitsbuch sind unbekannte Wörter aufgenommen, die nicht direkt bei der entsprechenden Übung erklärt werden. Die Lesetexte auf der siebten Seite jeder Lektion (Любопы́тно знать) enthalten z. T. unbekannten Wortschatz, der ebenfalls nicht zum aktiven Lernwortschatz gehört. Diese Wörter werden nur in Ausnahmefällen hier im Lektionswortschatz aufgeführt. Im Arbeitsbuch finden Sie eine alphabetische Wortliste. Bei Substantiven, die Orte bezeichnen, verwendet man in der Regel die Präposition в. Ist dies nicht der Fall, ist die Präposition на mit angegeben.

Verwendete Abkürzungen:

AB	Arbeitsbuch	*Gen.*	Genitiv	*Nom.*	Nominativ
Adv.	Adverb	*indekl.*	nicht deklinierbar	*P.*	Person
Akk.	Akkusativ	*Instr.*	Instrumental	*Pl.*	Plural
Dat.	Dativ	*m*	Maskulinum	*Präp.*	Präpositiv
f	Femininum	*n*	Neutrum	*Sg.*	Singular

Lektion / уро́к 1

Здра́вствуйте!	Guten Tag! (*Plural / Höflichkeitsform*)

1

Приве́т!	Hallo! Grüß dich!
я	ich
а	und, aber

2

бу́квы	Buchstaben
и	und
зву́ки	Laute
éвро *m indekl.*	Euro

4

А кто ты?	Und wer bist du?
кто	wer
ты	du
вы	ihr / Sie

5

тита́н	Titan
дива́н	Sofa
те́ннис	Tennis
акаде́мия	Akademie
код	Code
аппара́т	Apparat
зум	Zoom
су́мма	Summe
зени́т	Zenit

се́рия	Serie
кри́зис	Krise
си́нтез	Synthese

AB, Übung 13

куро́рт	Kurort
порт	Hafen
тури́зм	Tourismus
но́та	Note
тур	Tour
о́пера	Oper
такт	Takt
му́зыка	Musik
тон	Ton
акт	Akt
круи́з	Kreuzfahrt, Rundreise
ви́за	Visum

6

Здра́вствуй!	Guten Tag! (*per Du*)

7

Вы господи́н Лавро́в?	Sind Sie Herr Lawrow?
господи́н	Herr (*Anrede*)
госпожа́	Frau (*Anrede*)
кака́о	Kakao
торт	Torte
руб. = рубль *m*	Rubel
конфере́нция	Konferenz
да	ja

92 девяно́сто два

нет	nein
спаси́бо	danke
пожа́луйста	bitte
наве́рное	wahrscheinlich, vermutlich
и́ли	oder
Извини́!	Entschuldige!
как	wie
тебя́ зову́т	du heißt (*wörtlich:* „man ruft dich")
тебя́	dich
меня́ зову́т	ich heiße (*wörtlich:* „man ruft mich")
меня́	mich
о́чень	sehr
прия́тно *Adv.*	angenehm
Мне пора́ …	Es ist Zeit für mich …
пора́	es ist (wird) Zeit
Пока́!	Tschüss! Bis bald!
До свида́ния!	Auf Wiedersehen!
Извини́те!	Entschuldigt! / Entschuldigen Sie!
моя́	mein
фами́лия	Nachname
Скажи́те!	Sagt! / Sagen Sie!
э́то	das
вас зову́т	ihr heißt / Sie heißen (*wörtlich:* „man ruft euch / Sie")
вас	euch / Sie

8

кассе́та	Kassette
газ	Gas
ла́мпа	Lampe
фа́за	Phase
ва́за	Vase
па́ра	Paar
бар	Bar
бал	Ball (*Tanzveranstaltung*)
бале́т	Ballett
ло́жа	Loge
да́ча	Datsche / Datscha, Wochenendhaus

AB, Übung 25

автома́т	Automat
авто́бус	Bus
а́втор	Autor
авторите́т	Autorität
автопортре́т	Selbstporträt

Евро́па	Europa
псевдони́м	Pseudonym

9

Скажи́!	Sag!

10

произноше́ние	Aussprache

12

и́мя *n*	Vorname
о́тчество	Vatersname

13

Познако́мьтесь!	Machen Sie sich miteinander bekannt!

Любопы́тно знать

любопы́тно знать	interessant zu wissen
ФИО = **ф**ами́лия **и**́мя **о**́тчество	Familienname Vorname Vatersname
Я уже́ уме́ю …	Ich kann schon …

Резюме́

резюме́ *n indekl.*	Zusammenfassung, Resümee

AB, Sprichwort – Redewendung

Како́в приве́т – тако́в отве́т.	Wie man in den Wald hineinruft, so schallt es heraus. (*wörtlich:* Wie der Gruß – so die Antwort.)

Lektion / уро́к 2

Вы живёте в Москве́?	Wohnen Sie in Moskau?

1

Росси́я	Russland
Фра́нция	Frankreich
Герма́ния	Deutschland
Швейца́рия	Schweiz
А́встрия	Österreich
Шве́ция	Schweden
По́льша	Polen
А́нглия	England
Че́хия	Tschechien
Украи́на	Ukraine
Да́ния	Dänemark
Слова́кия	Slowakei
по-ру́сски	(auf) Russisch
по-неме́цки	(auf) Deutsch

2

Где Ива́ново?	Wo ist Iwanowo?
где	wo
покажи́ – покажи́те	zeig – zeigt; zeigen Sie

девяно́сто три **93**

здесь	hier

3

Мы из Москвы́.	Wir sind aus Moskau.
мы	wir
из Gen.	aus
Добро́ пожа́ловать!	Herzlich willkommen!
Он то́же живёт в Москве́.	Er wohnt auch in Moskau.
кабине́т ру́сского языка́	Unterrichtsraum Russisch
отку́да	woher
понима́ю	ich verstehe
он	er
то́же	auch
интере́сно Adv.	interessant
наприме́р	zum Beispiel
она́	sie 3. P. Sg.
оно́	es
они́	sie 3. P. Pl.

4

Ю́рий ру́сский.	Juri ist Russe.
ток-шо́у n indekl.	Talk-Show
дире́ктор	Direktor/in
ме́неджер	Manager/in
экскурсово́д	Reiseleiter/in
страна́	Land
го́род	Stadt
профе́ссия	Beruf
До́брый ве́чер!	Guten Abend!
тури́ст	Tourist/in
экску́рсия	Exkursion
ру́сский / ру́сская	Russe / Russin
швейца́рец / швейца́рка	Schweizer / Schweizerin
украи́нец / украи́нка	Ukrainer / Ukrainerin
не́мец / не́мка	Deutscher / Deutsche
америка́нец / америка́нка	Amerikaner / Amerikanerin
австри́ец / австри́йка	Österreicher / Österreicherin
англича́нин / англича́нка	Engländer / Engländerin
датча́нин / датча́нка	Däne / Dänin
швед / шве́дка	Schwede / Schwedin
чех / че́шка	Tscheche / Tschechin
францу́з / францу́женка	Franzose / Französin
по национа́льности	der Nationalität nach

по Dat.	hier: nach
национа́льность f	Nationalität

AB, Übung 13

ювели́р	Juwelier/in

AB, Übung 14

шни́цель m	Schnitzel
шампа́нское	Sekt, Champagner
шампу́нь m	Shampoo
шашлы́к	Schaschlik
да́ча	Datscha / Datsche, Wochenendhaus

5

Я живу́ в Шлéзвиге.	Ich wohne in Schleswig.
кафе́ n indekl.	Café
пра́вильно Adv.	richtig
непра́вильно Adv.	falsch
свобо́дно Adv.	frei
жить – живу́, живёшь, …, живу́т	leben; wohnen
в(о) Präp.	in, im
в Москве́	in Moskau
Дава́йте познако́мимся!	Machen wir uns bekannt!
Вот э́то сюрпри́з!	Das ist ja eine Überraschung!
сюрпри́з	Überraschung
Алло́!	Hallo!
не	nicht
университе́т	Universität
кино́ n indekl.	Kino
кофе́йня	Kaffeehaus
институ́т	Institut; Hochschule
теа́тр	Theater

6

число́ – чи́сла	Zahl – Zahlen
ноль m, нуль m	null
оди́н m, одна́ f, одно́ n	eins
два m / n, две f	zwei
раз	eins (bei Aufzählungen)

7

Вот мой а́дрес.	Hier ist meine Adresse.
вот	hier; da
мой	mein
а́дрес	Adresse
бульва́р	Boulevard
у́лица	Straße
проспе́кт	Prospekt (breite Straße)
шоссе́ n indekl.	Chaussee
всё	alles

поня́тно *Adv.*	verständlich
на у́лице	in / auf der Straße
на *Präp.*	in, auf
центр	Zentrum
дом	Haus
кварти́ра	Wohnung
музе́й	Museum

AB, Übung 33

профе́ссор	Professor/in
матема́тика	Mathematik

AB, Übung 34

плюс	plus
ми́нус	minus

AB, Übung 35

архите́ктор	Architekt/in
био́лог	Biologe / Biologin
фи́зик	Physiker/in
хи́мик	Chemiker/in
педаго́г	Pädagoge / Pädagogin
космона́вт	Kosmonaut/in, Astronaut/in
компози́тор	Komponist/in
психо́лог	Psychologe / Psychologin
те́хник	Techniker/in
гео́лог	Geologe / Geologin
матема́тик	Mathematiker/in
констру́ктор	Konstrukteur/in

Любопы́тно знать

психо́лог	Psychologe / Psychologin
педаго́г	Pädagoge / Pädagogin
корреспонде́нт	Korrespondent/in
секрета́рь	Sekretär/in
констру́ктор	Konstrukteur/in
те́хник	Techniker/in
матема́тик	Mathematiker/in
профе́ссия – профе́ссии	Beruf – Berufe
фи́зик	Physiker/in
хи́мик	Chemiker/in
профе́ссор	Professor/in
доце́нт	Dozent/in
хиру́рг	Chirurg/in
ортопе́д	Orthopäde / Orthopädin
бизнесме́н	Geschäftsmann
архите́ктор	Architekt/in
инжене́р	Ingenieur/in
журнали́ст	Journalist/in
репортёр	Reporter/in
эле́ктрик	Elektriker/in
меха́ник	Mechaniker/in

бухга́лтер	Buchhalter/in
касси́р	Kassierer/in
по профе́ссии	von Beruf

AB, Sprichwort – Redewendung

Мир те́сен.	Die Welt ist klein. / Die Welt ist ein Dorf.

Lektion / уро́к 3

Как ва́ши дела́?	Wie geht es Ihnen?

1

Всё в поря́дке.	Alles in Ordnung.
поря́док	Ordnung
ва́ши	eure / Ihre
дела́ *Pl.*	Dinge, Angelegenheiten
хорошо́ *Adv.*	gut
норма́льно *Adv.*	normal
Как дела́?	Wie geht es?
у *Gen.*	bei
у меня́	bei mir
у тебя́	bei dir
ничего́	*hier:* ganz gut
ну	nun, na
Как ты?	Wie geht es dir?
не о́чень	*hier:* nicht besonders
пло́хо *Adv.*	schlecht
отли́чно *Adv.*	ausgezeichnet
кого́ – *Gen., Akk.* von кто	wen / wem
его́	ihm
её	ihr
нас	uns
их	ihnen

2

Это моя́ семья́.	Das ist meine Familie.
мой, моя́, моё	mein
семья́	Familie
журнали́ст	Journalist/in
жена́	Ehefrau
доце́нт	Dozent/in
мать *f*	Mutter
оте́ц	Vater
но	aber
уже́	schon
давно́ *Adv.*	lange, seit langem (*zeitlich*)
инжене́р	Ingenieur/in
хиру́рг	Chirurg/in
наш, на́ша, на́ше	unser
сын	Sohn
дочь *f*	Tochter

девяно́сто пять   **95**

студе́нт / студе́нтка	Student / Studentin
тепе́рь	jetzt, nun
твой, твоя́, твоё	dein
ваш, ва́ша, ва́ше	euer / Ihr
муж	Ehemann
брат	Bruder
сестра́	Schwester
ма́ма	Mama
па́па	Papa
ба́бушка	Großmutter, Oma
де́душка *m*	Großvater, Opa
до́чка	(kleine) Tochter
сыно́к	(kleiner) Sohn
вну́чка	Enkelin
внук	Enkel

AB, Übung 9

поли́тик	Politiker/in

3

У вас есть де́ти?	Haben Sie Kinder?
у вас	„bei euch" / „bei Ihnen"
есть	etwas / jemand existiert, ist vorhanden
у + ... *Gen.* + (есть +) ... *Nom.*	etwas haben
де́ти *Pl.*	Kinder
там	dort
фотогра́фия	Fotografie
Ой!	Oh!
программи́ст	Programmierer/in
без *Gen.*	ohne
до́ма	zu Hause
ещё	noch
нет	nicht, keine / keinen
называ́йте меня́	nennen Sie mich

AB, Übung 11

поэ́т	Poet, Dichter
балери́на	Balletttänzerin

AB, Übung 16

президе́нт	Präsident/in

4

подру́га	Freundin
друг	Freund
де́вушка	Freundin, Mädchen
па́рень *m*	Freund, junger Mann
мужчи́на *m*	Mann
же́нщина	Frau

5

Как зову́т твоего́ му́жа?	Wie heißt Dein Mann?
колле́га *f / m*	Kollege / Kollegin

6

Приве́т из Москвы́.	Ein Gruß aus Moskau.
по профе́ссии	von Beruf
бухга́лтер	Buchhalter/in
курс	Kurs
гру́ппа	Gruppe
кста́ти	übrigens
от *Gen.*	von
пока́	*hier:* vorläufig, fürs erste
Вот пока́ и всё.	Das ist vorläufig alles.
Пиши́!	Schreib mal!
письмо́	Brief
электро́нное письмо́	E-Mail

AB, Sprichwort – Redewendung

Век живи́ – век учи́сь!	Man lernt nie aus. (*wörtlich:* Lebst du ein Jahrhundert lang – lerne ein Jahrhundert lang!)

Lektion / уро́к 4

Вы говори́те по-ру́сски?	Sprechen Sie Russisch?

1

Что э́то?	Was ist das?
что	was
бутербро́д	belegtes Brot
капучи́но *n indekl.*	Cappuccino
ча́шка ча́я	eine Tasse Tee
ча́шка	Tasse
чай	Tee
блины́ *Pl.*	„Bliny" (*russ. Eierkuchen, ähnlich Pfannkuchen / Palatschinken*)
пельме́ни *Pl.*	Pelmeni (*gefüllte russ. Teigtaschen*)
стака́н со́ка	ein Glas Saft
стака́н	Glas
сок	Saft
сала́т	Salat
ко́фе *m indekl.*	Kaffee
буты́лка	Flasche
квас	Kwas (*russ. Erfrischungsgetränk*)
Не зна́ю.	Ich weiß nicht.
знать *Akk.* – зна́ю, зна́ешь, ..., зна́ют	wissen; kennen
меню́ *n indekl.*	Speisekarte
омле́т	Omelette

стейк	Steak
бефстро́ганов	Beef Stroganow
эспре́ссо *m indekl.*	Espresso
чёрный, -ая, -ое	schwarz
зелёный, -ая, -ое	grün
анана́с	Ananas
тома́тный сок	Tomatensaft
апельси́новый сок	Orangensaft
минера́льная вода́	Mineralwasser
вода́	Wasser
ко́ка-ко́ла	Coca-Cola
све́тлый, -ая, -ое	hell
пи́во	Bier
напи́ток – напи́тки	Getränk – Getränke
еда́	Essen, Speisen

AB, Übung 4

сы́рник	Quarkpfannkuchen

AB, Übung 6

бана́новый	Bananen-

2

Ско́лько сто́ит чай?	Wie viel kostet der Tee?
ско́лько	wie viel
сто́ить –	kosten
3. P. Sg. сто́ит /	
3. P. Pl. сто́ят	
рубль *m*	Rubel
рубле́й	Rubel (*Form Gen. Pl. nach 5-20, 25-30 etc.*)

AB, Übung 9

эта́ж	Etage, Stockwerk
лотере́я	Lotterie
галере́я	Galerie
но́мер	Nummer
га́мбургер	Hamburger
джекпо́т	Jackpot
тур	Runde
тип	Typ

3

Мне, пожа́луйста, пельме́ни.	Für mich bitte Pelmeni.
мне	mir
ча́йник	Teekanne
минера́лка *ugs.*	Mineralwasser
кому́ – *Dat.* von кто	wem
тебе́	dir
ему́	ihm
ей	ihr
нам	uns
вам	euch / Ihnen
им	ihnen

4

Ты говори́шь по-неме́цки?	Sprichst Du Deutsch?
говори́ть – говорю́, говори́шь, ..., говоря́т	sprechen
пи́цца	Pizza
учи́ть ру́сский язы́к	Russisch lernen
учи́ть *Akk.* – учу́, у́чишь, ..., у́чат	lernen
ру́сский язы́к	die russische Sprache
ру́сский, -ая, -ое	russisch
язы́к	Sprache
понима́ть *Akk.* – понима́ю, понима́ешь, ..., понима́ют	verstehen
говори́ – говори́те	sprich – sprecht / sprechen Sie
немно́го ме́дленнее	etwas langsamer
немно́го	etwas
то́лько	nur
де́лать – де́лаю, де́лаешь, ..., де́лают	tun, machen
заня́тие – на заня́тии	Unterricht
по-испа́нски *Adv.*	Spanisch
по-францу́зски *Adv.*	Französisch
по-италья́нски *Adv.*	Italienisch
по-англи́йски *Adv.*	Englisch
неме́цкий, -ая, -ое	deutsch

AB, Übung 18

фи́зика	Physik

5

Я ничего́ не понима́ю.	Ich verstehe nichts.
ничего́	nichts
наро́дный университе́т	(*Russische Form der*) Volkshochschule
наро́дный, -ая, -ое	Volks-
непра́вда	nicht wahr; unwahr; falsch
Она́ зна́ет ру́сский (язы́к).	Sie kann Russisch.
лимона́д	Limonade

6

чита́ть кни́гу	ein Buch lesen
чита́ть *Akk.* – чита́ю, чита́ешь, ..., чита́ют	lesen

кни́га	Buch
слу́шать му́зыку	Musik hören
слу́шать *Akk.* – слу́шаю, слу́шаешь, ..., слу́шают	hören
му́зыка	Musik
писа́ть откры́тку	eine Ansichtskarte schreiben
писа́ть *Dat., Akk.* – пишу́, пи́шешь, ..., пи́шут	schreiben
откры́тка	Ansichtskarte
ра́дио *n indekl.*	Radio
журна́л	Zeitschrift, Journal
газе́та	Zeitung
конце́рт	Konzert
текст	Text
преподава́тель *m*	Lehrer (*Hochschule, Erwachsenenbildung*)
хоро́ший, -ая, -ее	gut
грамма́тика	Grammatik
о (об, обо) *Präp.*	über
рабо́та	Arbeit
компакт-ди́ск, CD [сиди́]	CD
повтори́ – повтори́те	wiederhole – wiederholt / wiederholen Sie
учи́тель *m* / учи́тельница	Lehrer / Lehrerin (*Schule*)
год	Jahr
Ско́лько ему́ / ей лет?	Wie alt ist er / sie?
приме́рно	ungefähr
счёт	Rechnung
оди́н моме́нт	einen Augenblick, einen Moment
Большо́е спаси́бо!	Vielen Dank!
большо́й, -а́я, -о́е	groß
Не́ за что.	Keine Ursache.
о чём	worüber
чём – *Präp.* von что	was
ком – *Präp.* von кто	wen

7

Большо́й вам приве́т!	Viele Grüße (an euch / Sie)!
общежи́тие	(Studenten-)Wohnheim
рестора́н	Restaurant
мно́го	viel
ме́дленно *Adv.*	langsam

Болга́рия	Bulgarien
бы́стро *Adv.*	schnell
иногда́	manchmal
Но ничего́.	Aber das macht nichts.
так	so
коне́чно	natürlich
поли́тика	Politik
культу́ра	Kultur
литерату́ра	Literatur
спорт	Sport
непло́хо *Adv.*	nicht schlecht, recht gut
мне интере́сно	es ist interessant für mich

AB, Sprichwort – Redewendung

И Москва́ не сра́зу стро́илась.	Rom ist nicht an einem Tag erbaut. (*wörtlich:* Auch Moskau wurde nicht in einem Augenblick erbaut.)

Lektion / уро́к 5

свобо́дное вре́мя	Freizeit
свобо́дный, -ая, -ое	frei
вре́мя *n*	Zeit

1

Я люблю́ игра́ть в те́ннис.	Ich spiele gern Tennis.
люби́ть *Akk.* – люблю́, лю́бишь, ..., лю́бят	lieben; mögen
игра́ть – игра́ю, игра́ешь, ..., игра́ют	spielen
те́ннис	Tennis
гуля́ть – гуля́ю, гуля́ешь, ..., гуля́ют	spazieren gehen
парк	Park
пла́вать – пла́ваю, пла́ваешь, ..., пла́вают	schwimmen
бассе́йн	Schwimmbad
ходи́ть в кино́	ins Kino gehen
ходи́ть – хожу́, хо́дишь, ..., хо́дят	gehen
смотре́ть телеви́зор	fernsehen
смотре́ть *Akk.* – смотрю́, смо́тришь, ..., смо́трят	sehen; anschauen
телеви́зор	Fernseher

98   девяно́сто во́семь

гото́вить *Akk.* – гото́влю, гото́вишь, ..., гото́вят	zubereiten, kochen
игра́ть в футбо́л	Fußball spielen
футбо́л	Fußball
Что ты лю́бишь де́лать?	Was machst du gern?
игра́ть на гита́ре	Gitarre spielen
гита́ра	Gitarre
хоккей	Eishockey
волейбо́л	Volleyball
баскетбо́л	Basketball
гандбо́л	Handball
саксофо́н	Saxophon
флейта	Flöte
пиани́но *n indekl.*	Klavier

AB, Übung 3

фильм	Film

2

Куда́ вы идёте?	Wohin geht ihr / gehen Sie?
куда́	wohin
идти́ – иду́, идёшь, ..., иду́т; шёл, шла, шло, шли	gehen, kommen
идти́ на концерт / в парк	ins Konzert / in den Park gehen
в(о) *Akk.*	nach, in
на *Akk.*	nach, in
ча́сто *Adv.*	oft
дискоте́ка – на дискоте́ке	Disko, Diskothek
стадио́н – на стадио́не	Stadion
цирк	Zirkus
фитнес-це́нтр	Fitness-Zentrum
аэро́бика	Aerobik
вы́ставка – на вы́ставке	Ausstellung; Messe
галере́я	Galerie
зоопа́рк	Zoo
клуб	Klub
кинотеа́тр	Kino, Filmtheater
домо́й	nach Hause
а	sondern

AB, Übung 7

но́вый, -ая, -ое	neu
програ́мма	Programm; Sendung
что	dass

AB, Übung 10

премье́ра	Premiere

3

Здо́рово!	Toll! Prima!
Класс!	Klasse! Super!
Ну и что?	Na und?
Как ску́чно!	Wie langweilig!
ску́чно *Adv.*	langweilig
У́жас!	Schrecklich!

4

Что вы де́лаете в свобо́дное вре́мя?	Was macht ihr / machen Sie in der Freizeit?
репорта́ж	Reportage
Олимпиа́да	Olympiade, Olympische Spiele
спортсме́н / спортсме́нка	Sportler / Sportlerin
интервью́ на те́му …	ein Interview zum Thema …
интервью́ *n indekl.*	Interview
те́ма	Thema
сего́дня	heute
сту́дия	Studio
боле́льщик	Fan, Anhänger (*im Sport*)
кла́ссно *Adv.*	klasse, super
совреме́нная литерату́ра	Gegenwartsliteratur
совреме́нный, -ая, -ое	modern, zeitgenössisch
сейча́с	jetzt
популя́рно *Adv.*	populär
бадминто́н	Federball, Badminton
ду́мать – ду́маю, ду́маешь, ..., ду́мают	denken, glauben, vermuten
лю́ди *Pl.*	Menschen, Leute
репортёр	Reporter
насто́льный те́ннис	Tischtennis
насто́льный, -ая, -ое	Tisch-
лёгкая атле́тика	Leichtathletik
лёгкий, -ая, -ое	leicht
бокс	Boxen
всегда́	immer
ре́дко *Adv.*	selten
боксёр	Boxer
регуля́рно *Adv.*	regelmäßig
мо́ре	Meer
класси́ческая му́зыка	klassische Musik

класси́ческий, -ая, -ое	klassisch
ста́рый, -ая, -ое	alt
фильм	Film
но́вая аудиокни́га	ein neues Hörbuch
но́вый, -ая, -ое	neu
аудиокни́га	Hörbuch
интере́сный, -ая, -ое	interessant

AB, Übung 12

гитари́ст	Gitarrist/in
рок	Rock

AB, Übung 14

европе́йский, -ая, -ое	europäisch

6

Кото́рый час?	Wie spät ist es?
кото́рый, -ая, -ое	welcher, welche, welches
час	Stunde; Uhr (bei Zeitangabe)
Сейча́с 17 часо́в 30 мину́т.	Es ist jetzt 17.30 Uhr.
мину́та	Minute
Ско́лько сейча́с вре́мени? / Ско́лько вре́мя? ugs.	Wie spät ist es?
Во ско́лько?	Um welche Uhrzeit? / Wann?
в(о) Akk.	um (zeitlich)
програ́мма	Programm, Sendung
В 20 часо́в.	Um 20 Uhr.
мультфи́льм	Zeichentrickfilm
«Ну, погоди́!»	„Na warte!" (beliebter russischer Zeichentrickfilm mit Hase und Wolf)
телесериа́л	Fernsehserie
«Ма́стер и Маргари́та»	„Der Meister und Margarita" (Roman von M. Bulgakow)
часы́ Pl.	(die) Uhr
почти́	fast, beinahe

AB, Übung 17

филармо́ния	Philharmonie
симфони́ческий	sinfonisch
консервато́рия	Konservatorium

7

Что вы де́лаете в понеде́льник?	Was macht ihr / machen Sie am Montag?
понеде́льник	Montag
вто́рник	Dienstag
среда́	Mittwoch

четве́рг	Donnerstag
пя́тница	Freitag
суббо́та	Sonnabend, Samstag
воскресе́нье	Sonntag
джаз	Jazz
в(о) Akk.	am (zeitlich)
в понеде́льник / четве́рг / воскресе́нье	am Montag / Donnerstag / Sonntag
во вто́рник	am Dienstag
в сре́ду / пя́тницу / суббо́ту	am Mittwoch / Freitag / Sonnabend (Samstag)

AB, Übung 21

коме́дия	Komödie

8

Мы бы́ли в кино́.	Wir waren im Kino.
быть – был, была́, бы́ло, бы́ли	sein (war)
премье́ра	Premiere
премье́ра фи́льма «Куку́шка»	Filmpremiere „Der Kuckuck" (Film von A. Rogoschkin)
про́сто Adv.	einfach
неда́вно Adv.	unlängst, vor kurzem
когда́	wann; wenn; als
«Иро́ния судьбы́»	„Ironie des Schicksals" (Kultfilm von E. Rjasanow, „Ironie des Schicksals – Fortsetzung" von T. Bekmambetow)
что	dass
коме́дия	Komödie
оригина́л	Original
совсе́м не смешно́	überhaupt nicht lustig
совсе́м	ganz
совсе́м не	überhaupt nicht, ganz und gar nicht
смешно́ Adv.	lustig, amüsant
жа́лко Adv.	schade

AB, Übung 22

фестива́ль m	Festival
документа́льный	Dokumentar-
режиссёр	Regisseur

AB, Übung 26

музыка́льный, -ая, -ое	Musik-, musikalisch
шоу n indekl.	Show

9

А что ты де́лал в Москве́?	Und was hast du in Moskau gemacht?

Вас слу́шают.	Ja, bitte? (*am Telefon, wörtlich:* „Man hört Sie.")
Э́то ... говори́т.	Hier spricht ...
исто́рия	Geschichte

AB, Übung 27

бале́т	Ballett

AB, Sprichwort – Redewendung

Игра́ игро́ю, а де́ло де́лом.	Erst die Arbeit, dann das Vergnügen. (*wörtlich:* Spiel ist Spiel, aber Arbeit ist Arbeit.)

Lektion / уро́к 6

ме́сто рабо́ты	Arbeitsplatz, Arbeitsstelle
ме́сто	Platz, Stelle

1

продаве́ц / продавщи́ца	Verkäufer / Verkäuferin
магази́н	Geschäft, Laden
шко́ла	Schule
больни́ца	Krankenhaus
врач	Arzt / Ärztin
медсестра́	Krankenschwester
сувени́р – сувени́ры	Souvenir – Souvenirs

AB, Übung 1

реда́кция	Redaktion
телесту́дия	Fernsehstudio
поликли́ника	Poliklinik

2

рабо́тать – рабо́таю, рабо́таешь, ..., рабо́тают	arbeiten
перево́дчик / перево́дчица	Dolmetscher, Übersetzer/ Dolmetscherin, Übersetzerin
бюро́ перево́дов	Übersetzungsbüro
бюро́ *indekl.*	Büro
перево́д	Übersetzung
экономи́ст	Ökonom/in, Betriebswirt/in
фи́рма – на фи́рме	Firma
преподава́тель матема́тики	Mathematiklehrer/in
матема́тика	Mathematik
Институ́т Эконо́мики	Hochschule für Wirtschaft
эконо́мика	Wirtschaft, Ökonomie
реда́кция	Redaktion
за́втра	morgen

пенсионе́р / пенсионе́рка	Rentner / Rentnerin
официа́нт / официа́нтка	Kellner / Kellnerin
домохозя́йка	Hausfrau
секрета́рь *m*	Sekretär/in
адвока́т	Anwalt / Anwältin
библиоте́карь *m*	Bibliothekar/in
архите́ктор	Architekt/in

3

Кем вы рабо́таете?	Als was arbeiten Sie?
кем – *Instr.* von кто	als was; wem
ра́ньше	früher
журнали́стика	Journalismus / Journalistik
ско́ро *Adv.*	bald
быть – бу́ду, бу́дешь, ..., бу́дут	sein (werden)
быть инжене́ром	Ingenieur/in sein
Я сейча́с без рабо́ты.	Ich bin zur Zeit arbeitslos / ohne Arbeit.
о́фис	Büro
заво́д – на заво́де	Betrieb
фа́брика – на фа́брике	Fabrik

4

С кем вы говори́ли?	Mit wem haben Sie gesprochen?
с(о) *Instr.*	mit
зна́чит	das heißt
библиоте́ка	Bibliothek
Интерне́т	Internet
Ра́зве ты библиоте́карь?	Bist du denn Bibliothekar?
ра́зве	denn, tatsächlich
для *Gen.*	für
тако́й, -а́я, -о́е	so ein/e, solch (ein/e)
вчера́	gestern
говори́ть с колле́гой	mit dem Kollegen / der Kollegin sprechen
организа́тор	Organisator/in
пока́зывать *Dat., Akk.* – пока́зываю, пока́зываешь, ..., пока́зывают	zeigen
компью́терный зал	mit Computern ausgestatteter Raum
компью́терный, -ая, -ое	Computer-
компью́тер	Computer
зал	Saal, (großer) Raum

СТО ОДИ́Н **101**

расска́зывать *Dat., Akk.* – расска́зываю, расска́зываешь, ..., расска́зывают	erzählen
рефера́т	Referat, Vortrag
переры́в	Pause
с ней	mit ihr
разгово́р	Gespräch
мы с жено́й	meine Frau und ich
с тобо́й	mit dir
Э́то случа́йно не ...?	Ist das nicht zufällig ...?
случа́йно *Adv.*	zufällig
газе́тный, -ая, -ое	Zeitungs-
футбо́льный, -ая, -ое	Fußball-
чем – *Instr.* von что	was, womit
со мной	mit mir
с ним	mit ihm
с на́ми	mit uns
с ва́ми	mit euch / mit Ihnen
с ни́ми	mit ihnen

AB, Übung 12

фото́граф	Fotograf/in

5

Что вы уме́ете?	Was können Sie?
уме́ть – уме́ю, уме́ешь, ..., уме́ют	können, imstande sein
профессиона́льный, -ая, -ое	professionell; beruflich, Berufs-
Он до́лжен писа́ть пра́вду.	Er muss (soll) die Wahrheit schreiben.
до́лжен, должна́, должно́, должны́	müssen; sollen
пра́вда	Wahrheit
легко́ *Adv.*	leicht
оргте́хника	Bürotechnik
факс	Fax
ксе́рокс	Kopierer
и	auch
тру́дный, -ая, -ое	schwer
како́й, кака́я, како́е	welcher, welche, welches; was für ein/e
отве́т	Antwort
вопро́с	Frage
пробле́ма	Problem
зада́ча	Aufgabe
иде́я	Idee
специали́ст	Spezialist/in; Fachmann / -frau
фестива́ль *m*	Festival

AB, Übung 13

плохо́й, -а́я, -о́е	schlecht
ме́дленный, -ая, -ое	langsam
бы́стрый, -ая, -ое	schnell
отли́чный, -ая, -ое	ausgezeichnet
пра́вильный, -ая, -ое	richtig
ску́чный, -ая, -ое	langweilig
прия́тный, -ая, -ое	angenehm

AB, Übung 18

день *m*	Tag

6

Людми́лу Петро́вну мо́жно?	Kann ich mit Ljudmila Petrowna sprechen?
мо́жно	man kann, es ist möglich
телефо́н	Telefon; Telefonnummer
дай – да́йте *Dat., Akk.*	gib – gebt / geben Sie
Одну́ мину́тку!	Einen Augenblick!
Его́ / её нет.	Er / sie ist nicht da.
Когда́ он бу́дет?	Wann wird er da sein?
переда́й – переда́йте *Dat., Akk.*	übermittle – übermittelt / übermitteln Sie
Переда́йте ему́, пожа́луйста, приве́т.	Richten Sie ihm bitte Grüße aus.
звони́ть *Dat.* – звоню́, звони́шь, ..., звоня́т	anrufen
почему́	warum
спра́шивать *Akk.* – спра́шиваю, спра́шиваешь, ..., спра́шивают	fragen
Я хочу́ предста́вить вам колле́гу.	Ich möchte Ihnen einen Kollegen / eine Kollegin vorstellen.
хоте́ть – хочу́, хо́чешь, хо́чет, хоти́м, хоти́те, хотя́т	wollen
предста́вить *Dat., Akk.* – предста́влю, предста́вишь, ..., предста́вят	vorstellen
тогда́	dann
до *Gen.*	bis

7

Я то́же хочу́ быть музыка́нтом.	Ich möchte auch Musiker sein.
музыка́нт	Musiker/in

музыка́льный, -ая, -ое	musikalisch, Musik-
восто́рг	Begeisterung
быть в восто́рге от … + Gen.	begeistert sein von …
атмосфе́ра	Atmosphäre
пу́блика	Publikum
саксофони́ст / саксофони́стка	Saxofonist / Saxofonistin
снача́ла	zuerst, anfangs
по́сле Gen.	nach (zeitlich)
поступи́ть в те́хникум	ans Technikum / die Technische Fachschule gehen
поступи́ть – поступлю́, посту́пишь, …, посту́пят	antreten; eintreten
те́хникум	Technikum, technische Fachschule
пото́м	danach, dann
ка́ждый, -ая, -ое	jeder, jede, jedes
ка́ждое воскресе́нье	jeden Sonntag
выступа́ть с конце́ртом	ein Konzert geben
выступа́ть – выступа́ю, выступа́ешь,…, выступа́ют	auftreten
джаз-гру́ппа	Jazz-Gruppe / -Band
чуде́сно Adv.	wunderbar
стоя́ть – стою́, стои́шь, …, стоя́т	stehen
выступле́ние	Auftritt
одна́жды	eines Tages
до́лго Adv.	lange (zeitlich)
разгова́ривать – разгова́риваю, разгова́риваешь, …, разгова́ривают (с) Instr.	sich unterhalten
друго́й, -а́я, -о́е	anderer, andere, anderes
Она́ учи́ла меня́ игра́ть на саксофо́не.	Sie brachte mir bei, Saxofon zu spielen.
учи́ть Akk.	lehren, jdm. etwas beibringen
консервато́рия	Konservatorium
учёба	Studium; Ausbildung; Lehre

поэ́тому	deshalb
купи́ть Akk. – куплю́, ку́пишь, …, ку́пят	kaufen
э́тот, э́та, э́то	dieser, diese, dieses
ве́чер	Abend
вме́сте	gemeinsam, zusammen
чего́ – Gen. von что	was

AB, Übung 25

кла́ссный, -ая, -ое	klasse, prima, toll

AB, Sprichwort - Redewendung

Доверя́й, но проверя́й.	Trau, schau wem. / Vertrauen ist gut, Kontrolle ist besser.

Lektion / уро́к 7

де́лать поку́пки	einkaufen, Einkäufe machen
поку́пка, Gen. Pl. поку́пок	Einkauf

1

Мне ну́жно купи́ть сувени́р.	Ich muss ein Andenken kaufen.
ну́жно + Infinitiv	etwas machen müssen
матрёшка, Gen. Pl. матрёшек	Matrjoschka
почто́вая ма́рка	Briefmarke
почто́вый, -ая, -ое	Post-
ма́рка, Gen. Pl. ма́рок	Marke, Mark
самова́р	Samowar
DVD [дивиди́]	DVD
фигу́рка, Gen. Pl. фигу́рок	kleine Figur
бейсбо́лка, Gen. Pl. бейсбо́лок	Baseballkappe
магни́т	Magnet
ку́кла, Gen. Pl. ку́кол	Puppe
ико́нка, Gen. Pl. ико́нок	kleine Ikone
на́до + Infinitiv	etwas machen müssen
моби́льный телефо́н / моби́льник ugs.	Mobiltelefon, Handy
фотоаппара́т	Fotoapparat
сим-ка́рта	SIM-Karte
флеш-ка́рта [флэш] / флёшка ugs.	Speicherkarte

сто три **103**

батаре́йка, Gen. Pl. батаре́ек	Batterie
пода́рок, Gen. Sg. пода́рка, Nom. Pl. пода́рки	Geschenk
мо́жет быть	vielleicht
дава́й – дава́йте	also; lass / lasst uns etwas tun (*oft unübersetzt, hier:*) na los; einverstanden

2

Э́то, наве́рное, до́рого сто́ит?	Das kostet wahrscheinlich viel?
сто́ить до́рого	teuer sein, viel kosten
до́рого *Adv.*	teuer
недо́рого *Adv.*	nicht teuer, preiswert

3

магази́н О́вощи и фру́кты	Obst- und Gemüseladen
о́вощи *Pl.*	Gemüse
фру́кты	Obst, Früchte
по́чта – на по́чте	Post
кио́ск	Kiosk
суперма́ркет	Supermarkt
центра́льный, -ая, -ое	zentral, Zentral-
ры́нок, Gen. Sg. ры́нка, Nom. Pl. ры́нки – на ры́нке	Markt, Basar
магази́н проду́ктов	Lebensmittelgeschäft
магази́н Сувени́ры	Souvenirgeschäft
бу́лочная	Bäckerei
вон там	dort drüben
вон *ugs.*	da; dort
сле́ва	links
Вам помо́чь?	Kann ich Ihnen helfen?
помо́чь *Dat.* – помогу́, помо́жешь, …, помо́гут	helfen
сли́шком до́рого	zu teuer
сли́шком	zu …, zu viel, zu sehr
Мо́жно посмотре́ть?	Kann ich mir das einmal anschauen?
брать *Akk.* – беру́, берёшь, …, беру́т	nehmen
банкома́т	Geldautomat, Bankomat
ря́дом	nebenan
ря́дом с + *Instr.*	neben

банк	Bank
бана́н	Banane
апельси́н	Apfelsine
пря́мо	geradeaus
нале́во	nach links
почто́вый я́щик	Briefkasten
я́щик	Kasten
у вхо́да	am Eingang
вход	Eingang
краси́вый, -ая, -ое	schön, hübsch
ма́ленький, -ая, -ое	klein
президе́нт	Präsident
дорого́й, -а́я, -о́е	teuer
спра́ва	rechts
ми́шка	Bär *(Koseform)*
принима́ть *Akk.* – принима́ю, принима́ешь, …, принима́ют	annehmen, akzeptieren
креди́тка *ugs.*	Kreditkarte
к сожале́нию	leider
к *Dat.*	zu
вы́ход	Ausgang
напра́во	nach rechts

4

повтори́ть *Akk.* – повторю́, повтори́шь, …, повторя́т	wiederholen
сказа́ть *Dat., Akk.* – скажу́, ска́жешь, …, ска́жут	sagen

5

Я́блоки и́ли гру́ши?	Äpfel oder Birnen?
я́блоко, Nom. Pl. я́блоки	Apfel
гру́ша	Birne
огуре́ц, Gen. Sg. огурца́, Nom. Pl. огурцы́	Gurke
помидо́р	Tomate
молоко́	Milch
хлеб	Brot
ма́сло	Butter
колбаса́	Wurst
сыр	Käse
яйцо́, Gen. Pl. яи́ц	Ei
конфе́та	Praline, Konfekt, Bonbon
проду́кты	Lebensmittel

6

Нам нужны́ ещё помидо́ры.	Wir brauchen noch Tomaten.
ну́жен, нужна́, ну́жно, нужны́ + *Nom.*	benötigen, brauchen
кусо́к, *Gen. Sg.* куска́, *Nom. Pl.* куски́	Stück
грамм (гр.) – 2 гра́мма, 5 грамм	Gramm
йо́гурт	Joghurt
стака́нчик	kleiner Becher, kleines Glas
полкило́	halbes Kilo
килогра́мм (кг) – 2 килогра́мма, 5 килогра́мм	Kilogramm
по́мощь *f*	Hilfe
спи́сок	Liste, Aufstellung
вечери́нка – на вечери́нке	geselliger Abend, Party, Fest
во́дка	Wodka
вино́	Wein
шампа́нское	Sekt
за *Akk.*	für (Interesse, Grund, Gegenwert)
Я за Бори́са / Та́ню / фильм / дискоте́ку.	Ich bin für Boris / Tanja / den Film / die Disko.
мочь – могу́, мо́жешь, ..., мо́гут; мог, могла́, могло́, могли́	können, dürfen
обяза́тельно *Adv.*	unbedingt
не́сколько *Gen. Pl.*	einige
гастроно́м	Lebensmittelgeschäft
е́вро *m indekl.*	Euro
франк	Franken (*Währung*)
копе́йка, *Gen. Pl.* копе́ек	Kopeke
цент	Cent
ра́пп	Rappen (*Währung*)
паке́т	Packung, Tüte, Beutel
паке́т молока́	Milchpackung
ба́нка, *Gen. Pl.* ба́нок	Konservenglas, Büchse
коро́бка, *Gen. Pl.* коро́бок	Schachtel
ма́ло *Gen. Pl.*	wenig

7

литр (л)	Liter
ка́сса	Kasse

AB, Übung 26

чек	Kassenbon
набо́р	Packung, Satz

AB, Sprichwort - Redewendung

Ка́шу ма́слом не испо́ртишь.	Doppelt genäht hält besser. / Des Guten ist nie zuviel. (*wörtlich:* Den Brei kann man mit Butter nicht verderben.)

Но́вый год и Рождество́

Но́вый год и Рождество́	Neujahr und Weihnachten
Но́вый год	das Neue Jahr
Рождество́	Weihnachten

1

пра́здник	Feier-, Festtag
ста́рый Но́вый год	„das alte Neue Jahr"
в ва́шей стране́	in Ihrem Land

2

атрибу́т	Attribut, Merkmal
пода́рок	Geschenk
ёлка	Fichte; Tanne, Tannenbaum
Дед моро́з	„Großväterchen Frost"
Снегу́рочка	„Snegurotschka" (*Enkelin des Großväterchens Frost*)
фейерве́рк	Feuerwerk
це́рковь *f*	Kirche

3

тради́ция	Tradition
приходи́ть	kommen
мандари́н	Mandarine
встреча́ть *Akk.* – встреча́ю, встреча́ешь, ..., встреча́ют	treffen, begrüßen, empfangen
отмеча́ть *Akk.* – отмеча́ю, отмеча́ешь, ..., отмеча́ют	begehen, feiern
стресс	Stress
икра́	Kaviar
весёлый, -ая, -ое, -ые	lustig

запуска́ть *Akk.* – запуска́ю, запуска́ешь, …, запуска́ют	starten, steigen lassen
семе́йный	Familien-, familiär
устра́ивать *Akk.* – устра́иваю, устра́иваешь, …, устра́ивают	veranstalten, organisieren
маскара́д	Maskenfest, Kostümfest
ска́зка	Märchen

4

поздравле́ние	Gratulation
пожела́ние	Wunsch
то́ст	Toast, Trinkspruch
С Рождество́м!	*entspricht:* Frohe Weihnachten!
За здоро́вье!	„Auf die Gesundheit!"
за *Akk.*	auf
здоро́вье	Gesundheit
Любви́!	(Ich wünsche Ihnen / dir) Liebe!
любо́вь *f*	Liebe
С пра́здником!	(*Gratulation zu einem Feiertag*)
За вас!	Auf Euch!
Сча́стья!	(Ich wünsche Ihnen / dir) Glück!
сча́стье	Glück
С наступа́ющим (пра́здником)!	(*Gratulation zu einem bevorstehenden Feiertag*)
наступа́ющий пра́здник	bevorstehender Feiertag
Успе́хов!	Viel Erfolg!
успе́х	Erfolg
За Но́вый год!	Auf das neue Jahr!
С Но́вым го́дом!	*entspricht:* Gesundes / Gutes neues Jahr! (*Gratulation zu Neujahr*)
Здоро́вья!	(Ich wünsche Ihnen / dir) Gesundheit!
За сча́стье!	Auf das Glück!

5

нового́дний	Neujahrs-
жела́ть *Dat., Gen.* – жела́ю, жела́ешь, …, жела́ют	wünschen
что́бы	dass, damit
мешо́к	Sack

принести́ *Akk.* – принесу́, принесёшь, …, принесу́т	bringen
второ́й, -а́я, -о́е, -ы́е	der / die / das zweite, die zweiten
сме́х	Lachen
тре́тий, тре́тья, тре́тье, тре́тьи	der / die / das dritte, die dritten
пусть	lass, mag, soll

6

пе́сня	Lied
в лесу́	im Wald
лес	Wald
мно́го ра́дости	viel Freude
ра́дость *f*	Freude
ёлочка	Fichte; Tanne, Tannenbaum
зелёный, -ая, -ое, -ые	grün
наря́дный, -ая, -ое, -ые	elegant, schmuck
дети́шки – дети́шкам	kleine Kinder – den kleinen Kindern
зимо́й	winters, im Winter
ле́том	sommers, im Sommer

8

погово́рка	Redewendung
встре́тить *Akk.* – встре́чу, встре́тишь, …, встре́тят	treffen, begrüßen, empfangen
провести́ *Akk.* – проведу́, проведёшь, …, проведу́т	verbringen, durchführen

День рожде́ния

День рожде́ния	Geburtstag

1

приглаше́ние	Einladung
уважа́емый, -ая, -ое, -ые	geehrt, geachtet, geschätzt
разреши́ть *Dat., Akk.* – разрешу́, разреши́шь, …, разреша́т	gestatten, erlauben
пригласи́ть *Akk.* – приглашу́, пригласи́шь, …, приглася́т	einladen

по слу́чаю	aus Anlass
слу́чай	Anlass
торжество́	Feier, Feierlichkeit
состоя́ться	stattfinden
у́жин	Abendessen
встре́титься *Instr.* – встре́чусь, встре́тишься, ..., встре́тятся	sich treffen
ве́село	lustig

2

с Днём рожде́ния	zum Geburtstag
всего́ наилу́чшего	alles, alles Gute, (*wörtlich:* das (Aller-)Beste)
небольшо́й пода́рок	kleines Geschenk
с юбиле́ем	zum Jubiläum
юбиле́й	Jubiläum
Всего́ до́брого!	Alles Gute!
Уда́чи!	*entspricht:* Viel Erfolg / Glück!
Разреши́те поздра́вить Вас с юбиле́ем.	Gestatten Sie mir, Ihnen zum Jubiläum zu gratulieren.

поздра́вить *Akk., Instr.* (с) – поздра́влю, поздра́вишь, ..., поздра́вят	gratulieren
Разреши́те пожела́ть вам всего́ наилу́чшего.	Gestatten Sie mir, Ihnen alles, alles Gute zu wünschen.
пожела́ть *Dat., Gen.* – пожела́ю, пожела́ешь, ..., пожела́ют	wünschen
поздравля́ть *Akk., Instr.* (с) – поздравля́ю, поздравля́ешь, ..., поздравля́ют	gratulieren
Поздравля́ю тебя́ с Днём рожде́ния.	Ich gratuliere dir zum Geburtstag.
Жела́ю тебе́ сча́стья.	Ich wünsche dir Glück.
Дава́й, споём вме́сте!	Lass uns gemeinsam singen!

Quellenverzeichnis

Seite 6: © MHV/Kiermeir

Seite 7: oben © MHV/Kiermeir; unten von links © panthermedia.net/Doreen Salcher; © irisblende.de

Seite 10: © MHV/Kiermeir

Seite 15: 1 © iStockphoto/cloki; 2 © iStockphoto/Akropot; 3 © Olaf Hamann, Berlin; 4 © irisblende.de

Seite 18: oben © iStockphoto/macroworld; unten © MHV/Kiermeir (3)

Seite 19: © Olaf Hamann, Berlin (4)

Seite 22: von links © iStockphoto/malhrovitz; © fotolia/Nadia Ivanova; © iStockphoto/Neustockimages

Seite 28: © Olaf Hamann, Berlin

Seite 32: 1 und 4 © MHV/Kiermeir; 2 © iStockphoto/Vasca; 3 © fotolia/Pixelspieler; 5 iStockphoto/Jpecha; 6 © iStockphoto/elenakor; 7 © fotolia/ExQuisine; 8 © fotolia/radarreklama; 9 © iStockphoto/rijayaNita

Seite 35: oben von links © iStockphoto/Yuri Arcurs (2); © Claudia Hamann, Berlin; unten von links © panthermedia.net/Martin Kosa; © iStockphoto/Gewitterkind; © colourbox.com

Seite 37: © iStockphoto/Dar Yang Yan

Seite 43: © iStockphoto/Carlos Alvarez

Seite 46: © Olaf Hamann, Berlin (3)

Seite 48: oben © Olaf Hamann, Berlin (3); Mitte von links © fotolia/carlosseller; © iStockphoto/jacomstephens; © panthermedia.net; unten von links © iStockphoto/absolut_100; © iStockphoto/Pinopic; © iStockphoto/SensorSpot; © panthermedia.net

Seite 51: von links © irisblende.de; © panthermedia.net/Robert Kneschke

Seite 53: © fotolia/Dmitri Mikitenko

Seite 56: oben von links © iStockphoto/jk_light; © fotolia/iMAGINE; © panthermedia.net/Gerald Sauer; © fotolia/Denis Babenko; © MHV-Archiv; unten von links © fotolia/Sergey Ryzhov; © fotolia/jamalludin din; © MHV/Kiermeir; © panthermedia.net/Oxana Zubov; © fotolia/Sasha

Seite 57: © Olaf Hamann, Berlin (8)

Seite 59: oben von links © fotolia/Adam Radosavljevic; © fotolia/Konnov Leonid; © iStockphoto/Kativ; © iStockphoto/NightAndDayImages; Mitte von links © fotolia/foto.fred; © irisblende.de; © fotolia/objectsforall; © panthermedia.net/Sonja Witter; unten von links © iStockphoto/YinYang; © iStockphoto/ALEAIMAGE; © fotolia/Diorgi; © MHV/Kiermeir

Seite 61: linkes Schaubild oben von links © iStockphoto/desertcid; © fotolia/by-studio; © iStockphoto/Liudmila Sundikova; © fotolia/quayside; Mitte von links © fotolia/Grigoriy Lukyanov; © fotolia/Marc Dietrich; © iStockphoto/Kativ; © fotolia/Pascal Martin; unten von links © iStockphoto/ALEAIMAGE; © fotolia/Christian Jung; © fotolia/Adam Radosavljevic; © iStockphoto/sandsun; rechtes Schaubild oben von links © iStockphoto/Liudmila Sundikova; © fotolia/fefufoto; © fotolia/felinda; © iStockphoto/Kativ; Mitte von links © iStockphoto/LongHa2006; © iStockphoto/Julien-Grondin; © fotolia/Elena Schweitzer; unten von links © MHV/Kiermeir; © fotolia/Konnov Leonid, © iStockphoto/adisa

Seite 66: von links © fotolia/Ivan Polushkin; © iStockphoto/canismaior; © panthermedia.net/Carina Hansen; © fotolia/TEA; © fotolia/Zuboff; © fotolia/Eduard Titov

Seite 67: von links © irisblende.de; © panthermedia.net/Marco Baass; © iStockphoto/absolut_100

Seite 72: oben von links © iStockphoto/absolut_100; © iStockphoto/Pinopic; unten von links © iStockphoto/SensorSpot; © panthermedia.net

Слова́ и выраже́ния для преподава́телей и уча́щихся
Wörter und Wendungen für Kursleiter/innen und Lernende

Дава́йте начнём!	Lassen Sie uns beginnen. / Wir wollen anfangen.
Возьми́те ва́ши уче́бники.	Nehmen Sie Ihre Lehrbücher.
Откро́йте уче́бник на страни́це 9.	Öffnen Sie das Lehrbuch auf Seite 9.
Закро́йте рабо́чую тетра́дь.	Schließen Sie das Arbeitsbuch.
Чита́йте диало́г по роля́м.	Lesen Sie den Dialog in Rollen.
Чита́йте вслух.	Lesen Sie (laut) vor.
Чита́йте про себя́.	Lesen Sie leise (für sich).
Прочита́йте текст ещё раз.	Lesen Sie den Text noch einmal.
Вы всё по́няли?	Haben Sie alles verstanden?
Всё я́сно?	Ist alles klar?
Подчеркни́те ...	Unterstreichen Sie …
Вы́делите ...	Markieren Sie ...
Отме́тьте кре́стиком ...	Kreuzen Sie … an.
Назови́те ...	Nennen Sie …
Запо́мните.	Prägen Sie sich ein.
Объясни́те.	Erklären Sie.
Сравни́те.	Vergleichen Sie.
Спроси́те (друг дру́га).	Fragen Sie (sich gegenseitig).
Как э́то сло́во пи́шется / произно́сится?	Wie wird das Wort geschrieben / ausgesprochen?
Обрати́те внима́ние на ...	Achten Sie auf …
Рабо́тайте вдвоём / втроём.	Arbeiten Sie zu zweit / zu dritt.
Говори́те, пожа́луйста, погро́мче.	Sprechen Sie bitte lauter.
Говори́те друг с дру́гом.	Sprechen Sie zu zweit miteinander.
Повтори́те за мной.	Sprechen Sie mir nach.
Повтори́те, пожа́луйста, ещё раз.	Wiederholen Sie bitte noch einmal.
Вы зако́нчили? / Вы гото́вы?	Sind Sie fertig?
На сего́дня мы зако́нчим.	Das wär's für heute.
уче́бник	Kursbuch
рабо́чая тетра́дь	Arbeitsbuch
тетра́дь *f*	Heft
мел	Kreide
ма́ркер	Stift / Marker (für Magnettafeln)
доска́	Tafel
каранда́ш	Bleistift
ру́чка	Kugelschreiber, Füller
то́чка	Punkt
запята́я	Komma
сло́во	Wort
предложе́ние	Satz